QU'EST-CE QUE ET POURQUOI L'ANALYSE ?

DU MÊME AUTEUR
À LA MÊME LIBRAIRIE

Esquisse d'une grammaire pure, 300 pages, 1975

L'héritage épistémologique d'Eudoxe de Cnide, 160 pages, 1988

L'organisation des mathématiques grecques de Théétète à Archimède, 312 pages, 1997

Les fondements sémantiques du discours naturel, 248 pages, 1994

Pascal entre Eudoxe et Cantor, 144 pages, 1984

PROBLÈMES ET CONTROVERSES
Directeur : Jean-François COURTINE

QU'EST-CE QUE ET POURQUOI L'ANALYSE ?

Essai de définition

par

Jean-Louis GARDIES

Ouvrage publié avec le concours du Centre national du livre

PARIS
LIBRAIRIE PHILOSOPHIQUE J. VRIN
6, Place de la Sorbonne, V[e]

2001

Imprimé in France
ISSN 0249-7875
ISBN 2-7116-1486-7

A Denyse Gardies,
dont l'exigence d'absolue simplicité,
une fois de plus, m'a contraint à récrire
des développements entiers de ce livre.

AVANT-PROPOS

L'objet de ce livre n'est pas proprement historique, même s'il appelle de constantes références à l'histoire. Au demeurant, divers auteurs ont déjà proposé des exposés historiques des origines et des développements de l'analyse.

Le présent travail fait suite en quelque sorte à celui que nous avions consacré au *raisonnement par l'absurde*[1], dont ceux qui l'ont lu se souviendront peut-être que la question des relations de ce type de raisonnement avec l'analyse y était déjà directement évoquée. Sans que nous ayons à revenir ouvertement sur les conclusions auxquelles nous étions à ce sujet parvenu, il nous a semblé qu'il y avait encore beaucoup à ajouter sur la nature de ce qu'on pouvait entendre par ce terme d'*analyse*, dont nous n'avions pas alors à nous préoccuper des possibles ambiguïtés.

Notre propos sera donc ici d'essayer d'éclairer les origines *logiques* de l'analyse; tentative qui, pour n'être pas elle-même directement historique, n'est pas néanmoins pensable sans référence aux contextes, où l'objet ici étudié a trouvé ou n'a pas trouvé une existence.

Mais il ne semble pas qu'il soit suffisant de se proposer d'éclairer logiquement les concepts et méthodes tels qu'ils sont attestés par l'histoire. Le témoignage de celle-ci ne nous met pas à l'abri de la possible ambiguïté de leurs objets. Il faut alors, non seulement savoir distinguer les uns des autres ceux que l'usage d'un même mot nous induit naturellement à confondre, mais encore, si possible, chercher dans une remontée des courants, voire des étymologies, les raisons intimes de ces confusions historiques.

L'opposition terminologique de l'*analyse* à la *synthèse* semble déjà avoir été familière au IIIe siècle avant J.-C., même si le second livre du traité d'Archimède *De la sphère et du cylindre*, qui en fait largement

1. *Le Raisonnement par l'absurde*, P.U.F., Bibliothèque d'histoire des sciences, 1991.

état, ne nous est parvenu que dans sa transcription du dorien original en grec commun. De toutes manières, indépendamment des désignations, le contraste entre l'une et l'autre démarche est manifestement encore plus ancien. Aristote dans l'*Ethique à Nicomaque*[1] caractérise l'*analyse*, telle que la pratiquent les mathématiciens, comme *moyen de trouver* (*eurésis*), qu'il oppose à la *genèse* (*génésis*), suivant laquelle se construit le savoir: «ce qui est dernier dans l'analyse est premier dans la genèse».

Il est significatif que ces deux termes grecs d'*analyse* et de *synthèse* n'aient pas de traduction proprement latine. Une telle traduction eût sans doute été rendue délicate par le fait que les deux racines constitutives de chacun de ces deux mots n'expriment aucune opposition respective de celles de l'un à celles de l'autre: *synthésis* aurait pu être traduit *compositio*; mais comment traduire alors le mot dont la première racine (*ana*) exprime une *remontée*, une *marche en amont*, tandis que la seconde (*lysis*) suggère une *dissolution* ou une *résolution*? Du terme d'*analyse* à celui de *synthèse* déjà le contraste entre les étymologies appelle l'interrogation.

L'opposition de l'analyse à la synthèse est au demeurant suffisamment admise pour suggérer immédiatement à l'esprit de chacun quelque chose que nous ne pourrions cependant presque tous préciser que très malaisément. Des auteurs récents[2] estimaient que cette opposition, déjà dans sa seule relation aux mathématiques, pouvait recevoir au moins dix-huit interprétations différentes, donnant ainsi une idée de la confusion qui règne, dans un domaine où il semblerait pourtant que la rigueur fût de mise. Notre prétention n'est évidemment pas ici de rendre compte d'un tel foisonnement; d'autant que beaucoup de ces acceptions sont plus ou moins liées à des arrière-fonds philosophiques dont nous ne sommes pas obligés de nous embarrasser.

Nous mettrons ici l'accent sur deux significations que peut prendre cette opposition, et qui nous paraissent dominer toutes les autres; significations logiquement bien distinctes l'une de l'autre, même si l'enchevêtrement des situations historiques risque de dissimuler cette essentielle distinction. Mais il ne nous suffira pas de les situer l'une relativement à

1. Livre III, chapitre III, 11 et 12.

2. *Analysis and synthesis in mathematics*, ed. Michael Otte and Marco Panza, Kluwer academic publishers, Dordrecht/Boston/London, *Boston studies in the philosophy of science*, vol. 196. Les éditeurs distinguent en effet, p. IX-XI, les interprétations respectivement logique, structuraliste, méthodologique, gnoséologique, méréologique, sémantique, syntaxique, phénoménologique, génétique, représentationnaliste, pragmaticiste, programmatique, directionnelle, configurationnelle, logico-théorétique, historico-théorique, linguistique et disciplinaire.

l'autre ; nous essaierons aussi de pénétrer les raisons, tout aussi essentielles, de la possibilité de leur confusion.

Dans un premier sens, alors que la synthèse déploie la chaîne des conditions nécessaires qui, à partir de ce qui a été antérieurement postulé ou démontré, mène à l'établissement du théorème ou à la solution du problème, la remontée analytique procédait, déjà chez les Anciens, de la supposition du théorème établi ou du problème résolu jusqu'à l'obtention de conditions au moins suffisantes de cet établissement ou de cette solution. Cette forme d'analyse, loin de s'effacer, se trouvera encore facilitée et encouragée chez les Modernes, quand leur écriture algébrique autorisera une désignation explicitement distincte des quantités aussi bien inconnues que connues.

Il n'en reste pas moins que cette même écriture algébrique permet aussi tout autre chose, à savoir de désigner en tant que telles, de thématiser les propriétés et relations que le discours mathématique pourra désormais traiter directement pour elles-mêmes comme des entités d'ordre supérieur. Grâce à cette écriture, à l'objet-grandeur se substituera de plus en plus, à partir du XVIIe siècle, des objets nouveaux comme l'objet-fonction. Leur traitement direct sera perçu comme relevant proprement de l'analyse, dans la mesure où, à sa manière, il remonte ou inverse le courant ressenti comme normal, qui, à partir de l'objet arithmétique ou géométrique, allait naturellement à la découverte de ses propriétés.

Cette seconde forme d'analyse s'est trouvée préparée, dans l'Antiquité déjà, au niveau des méthodes, par la théorie euclidienne des *Données*, et surtout, au niveau du contenu, par la manière radicalement originale dont Apollonius avait su déterminer les propriétés fondamentales des sections coniques.

*
* *

Notre démarche suivra six étapes, correspondant respectivement aux six chapitres du livre. L'ensemble des trois premiers chapitres concernera l'analyse conçue comme méthode, en quelque sorte inverse de la synthèse, et préparatoire de celle-ci, telle que les mathématiciens de l'Antiquité grecque la pratiquaient déjà.

Le chapitre I essaie d'abord de donner, d'une telle démarche analytique, qu'elle s'attache à la démonstration de théorèmes ou à la solution de problèmes, une définition qui certes soit la moins arbitraire possible, mais encore, là où il faut tout de même exercer un choix, nous mette à l'abri d'éventuels malentendus. Il étudie ensuite le fondement logique d'une telle démarche, avant d'en distinguer les différentes étapes.

Le chapitre II s'attache à l'étude des diverses formes possibles de cette démarche analytique. Il envisage, en s'appuyant sur des exemples empruntés dans leur grande majorité aux auteurs grecs ou à la tradition islamo-arabe, ce que nous désignerons successivement comme *analyse parfaite*, *analyse inachevée*, *analyse imparfaite*, et *analyse simplement suffisante*.

Le propos du chapitre III est d'examiner les raisons qui, dans une tradition mathématique dominée par une sorte de privilège gnoséologique de la synthèse, comme était celle des Grecs, pouvaient inciter à recourir à l'analyse, au moins dans une phase préparatoire à la synthèse elle-même; étant bien entendu que de cette phase préparatoire l'auteur grec, pour son exposé définitif, n'avait nul besoin de faire ensuite explicitement état.

Il n'y a pas lieu de s'étonner que les trois derniers chapitres occupent, en volume, une place plus importante que les trois premiers. Ils s'attachent en effet à reconstituer une part du cheminement tortueux suivant lequel s'est élaborée, sur la base des résultats obtenus par les géomètres grecs, une pratique de l'analyse prise cette fois dans une acception assez radicalement nouvelle.

Le chapitre IV est voué à l'examen de la théorie euclidienne des *Données*, non seulement par son étude directe, mais par celle de ses applications ultérieures par des auteurs comme Pappus ou Ibn al-Haytham. Il essaie d'éclairer le rôle que cette théorie, dont l'élaboration ressortissait elle-même intégralement au genre de la synthèse, a pu jouer antérieurement à l'apparition de la nouvelle forme d'analyse qui devait en améliorer les performances et de ce fait en consacrer la propre inutilité

Le chapitre V montre d'abord en quoi la méthode cartésienne conserve et dépasse les avantages de cette théorie euclidienne des *Données*. Mais il montre surtout qu'il est, dans *La Géométrie*, question de deux sortes d'analyse, que l'auteur ne distingue pas lui-même explicitement: l'adoption de la nouvelle écriture algébrique ne permet pas seulement une telle amélioration de l'analyse des Anciens; bien au delà, elle autorise surtout un complet retournement de la classique démarche du géomètre qui le conduisait jusqu'ici spontanément de la considération de l'objet géométrique lui-même vers celle de ses propriétés et relations.

Le chapitre VI montre que c'est la manière radicalement originale dont Apollonius avait en son temps défini les sections coniques qui a suscité au XVIIe siècle la thématisation de la relation fonctionnelle, telle qu'on la trouve aussi bien chez Fermat et chez Descartes. Il illustre enfin cette nouvelle forme que prend l'analyse par l'exemple, à peine postérieur, du *Mesolabum* de Sluse.

La conclusion revient enfin sur la distinction essentielle entre *généralisation* et *thématisation*. Elle montre comment seule une telle thématisation des propriétés des entités mathématiques préalablement reconnues permet l'élaboration d'objets ressortissant à un autre ordre, à un autre niveau logique d'existence, dont l'étude directe sera perçue comme le propre de l'*analyse*, cette fois prise au sens moderne de ce mot.

CHAPITRE I

LE SENS INITIAL DE LA DÉMARCHE ANALYTIQUE

Le livre XIII des *Eléments* d'Euclide contient une définition de la méthode d'*analyse*, qui, pour avoir été certainement[1] interpolée dans le texte original, n'en est pas moins intéressante[2] :

> L'analyse consiste à prendre comme accordé ce qui est cherché, pour parvenir, par voie de conséquence, à quelque chose dont la vérité est accordée.

Le début du livre VII de *La Collection mathématique* de Pappus donne à son tour de l'analyse une définition un peu plus explicite[3] :

> L'analyse est la voie qui part de ce qui est cherché, comme s'il était accordé, pour parvenir, par les conséquences qui s'en ensuivent, à quelque chose qui est accordé par la synthèse. Dans l'analyse en effet, supposant ce qui est cherché comme déjà obtenu, nous examinons ce dont il découle et à nouveau les prémisses dont ce dernier procède, jusqu'à ce que nous remontions ainsi à quelque chose qui soit déjà connu ou qui ait fonction de principe.

1. *Cf.* Thomas L. Heath, *The thirteen books of Euclid's Elements*, second edition, New York, Dover publications, vol. III, p. 442.

2. `Ἀνάλυσις [...] ἐστι λῆψις τοῦ ζητουμένου ὡς ὁμολογουμένου διὰ τῶν ἀκολούθων ἐπί τι ἀληθὲς ὁμολογούμενον, *Euclidis elementa* post I.L. Heiberg edidit E.S. Stamatis, 2. Auflage, Leipzig, Teubner, 1969-1973, vol. IV, p. 198.

3. Le texte grec en est reproduit dans Hintikka and Remes, *The method of analysis, its geometrical origin and its general significance*, Boston studies in the philosophy of science, vol. XXV, Dordrecht-Holland/Boston-U.S.A., 1974, p. 8 : 'Ανάλυσις [...] ἐστὶν ὁδὸς ἀπὸ τοῦ ζητουμένου ὡς ὁμολογουμένου διὰ τῶν ἑξῆς ἀκολούθων ἐπί τι ὁμολογούμενον συνθέσει˙ ἐν μὲν γὰρ τῇ ἀναλύσει τὸ ζητούμενον ὡς γεγονὸς ὑποθέμενοι τὸ ἐξ οὗ τοῦτο συμβαίνει σκοπούμεθα καὶ πάλιν ἐκείνου τὸ προηγούμενον, ἕως ἂν οὕτως ἀναποδίζοντες καταντήσωμεν εἴς τι τῶν ἤδη γνωριζομένων ἢ τάξιν ἀρχῆς ἐχόντων.

Qu'il soit bien clair que, lorsque Pappus nous dit que l'analyse se propose de « parvenir […] à quelque chose qui est accordé par la synthèse », il désigne par là quelque chose qui, dans la démarche synthétique correspondante, pourrait servir de point de départ, et dont la vérité, pour cette démarche, ne serait donc pas en question[1]. Ce passage de Pappus apporte encore cette précision, que ne contenait pas le texte interpolé au livre XIII, que l'analyse ne remonte pas nécessairement à quelque proposition ou solution déjà établie ; il arrive aussi qu'elle réduise la proposition en cause à une autre proposition, le problème à un autre problème, dont ni la démonstration ni la solution ne soient connues mais dont la vérité ou la validité n'est pas mise en question[2].

Pappus, ayant ainsi caractérisé l'analyse en se référant à la synthèse, caractérise à son tour cette dernière en ces termes[3] :

> Dans la synthèse, à l'inverse, supposant déjà obtenu ce qui dans l'analyse a été atteint en dernier lieu, disposant dans l'ordre naturel les antécédents de l'analyse en place de conséquents et les liant les uns aux autres, nous en arrivons au but, qui est la construction de l'objet cherché.

Car enfin, *l'ordre naturel*, auquel Pappus fait ici référence, et à l'inverse duquel procède l'analyse, est bien celui de la synthèse. C'est cet ordre suivant lequel il semble que les Grecs aient été les premiers (au plus tard au Ve siècle av. J.-C.), à manifester le souci d'organiser l'ensemble de leur savoir mathématique. Aux yeux des mathématiciens grecs la voie de la synthèse possède une naturelle priorité.

1. Nous nous écartons ainsi de la traduction proposée par Paul Ver Eecke, Pappus d'Alexandrie, *La Collection mathématique*, Paris, Albert Blanchard, nouveau tirage, 1982, tome second, p. 477 :

> L'analyse est donc la voie qui part de la chose cherchée, considérée comme étant concédée, pour aboutir, au moyen des conséquences qui en découlent, à la synthèse de ce qui a été concédé.

2. Pappus écrit bien : « à quelque chose qui soit déjà connu ou qui ait fonction de principe », et non pas : « et », comme traduisent Hintikka et Remes, *The method of analysis*, p. 8.

3. ἐν […] τῇ συνθέσει ἐξ ὑποστροφῆς τὸ ἐν τῇ ἀναλύσει καταληφθὲν ὕστατον ὑποστησάμενοι γεγονὸς ἤδη, καὶ ἑπόμενα τὰ ἐκεῖ προηγούμενα κατὰ φύσιν τάξαντες καὶ ἀλλήλοις ἐπισυνθέντες, εἰς τέλος ἀφικνούμεθα τῆς τοῦ ζητουμένου κατασκευῆς. *Ibid.*, p. 9. Ici encore nous ne pouvons évidemment pas nous satisfaire de la traduction proposée par Paul Ver Eecke, *La Collection mathématique*, tome second, p. 477 : « disposant dès lors ses conséquences et ses causes dans leur ordre naturel ».

Cette naturelle priorité a été évidemment historiquement acquise. Les civilisations antérieures ou étrangères à la Grèce, qui avaient déjà développé une mathématique, Egypte, Mésopotamie, Chine, ont laissé surtout des listes de problèmes, certains mêmes que les Grecs n'ont pas envisagés; mais sans témoigner d'une volonté systématique de démontrer chaque fois la validité de la solution proposée, encore moins d'intégrer leur ensemble à cette construction progressive, éléments par éléments, à cette στοιχείωσις, agencement en une totalité organique, essentielle à notre représentation des mathématiques. La condition d'un tel ordre naturel devait conduire les Grecs à ajouter au genre littéraire du problème, où il s'agissait de construire, arithmétiquement ou géométriquement, une solution, genre qu'ils pouvaient emprunter aux civilisations antérieures, le genre nouveau du *théorème*, où il s'agissait d'abord d'énoncer des propriétés ou relations mathématiques. Désormais *problèmes* et *théorèmes* s'appuyaient les uns sur les autres: les constructions des premiers permettaient de fonder de nouveaux théorèmes; les propriétés exprimées par les seconds, de résoudre de nouveaux problèmes. L'architecture de l'édifice mathématique allait désormais supposer le jeu combiné de ces deux genres.

Aussi Pappus, immédiatement après avoir caractérisé l'analyse comme démarche inverse de la synthèse, était-il tout naturellement conduit à y distinguer deux genres, à savoir d'une part l'*analyse poristique* ou *problématique*, qui remonte de la supposition du problème résolu aux conditions suffisantes de sa solution, et d'autre part l'*analyse zététique* ou *théorétique*, qui remonte du théorème conjecturé aux vérités antérieurement établies sur lesquelles on peut le fonder[1].

*
* *

1. Pappus s'explique très clairement sur sa terminologie. Mais il semble que Viète ait curieusement croisé l'usage de ces désignations, faisant correspondre la *poristique* aux *théorèmes* et la *zététique* aux problèmes. Ainsi ses *Cinq livres des zététiques* sont consacrés à des *problèmes* (*cf.* Vaulézard, *La Nouvelle Algèbre de M. Viète*, précédée de *Introduction en l'art analytique*, Paris, Corpus des œuvres philosophiques en langue française, 1986, p. 13). L'initiative de Viète aurait-elle induit par la suite une certaine confusion? Toujours est-il que Paul Ver Eecke (Pappus d'Alexandrie, *La Collection mathématique*, tome second, p. 478), se référant d'ailleurs à Viète, écrit, de manière au moins ambiguë, que l'*analyse zététique* « a pour objet l'invention de solutions » et que la *poristique* « a pour but l'invention, non pas d'une solution, mais d'une démonstration pour une solution, ou pour une proposition énoncée ».

Pappus, ayant ainsi opéré cette distinction à laquelle nous-même nous tiendrons, était amené à considérer que l'une et l'autre démarches pouvaient connaître deux issues, selon que leur remontée aboutissait, dans le premier cas, à une procédure déjà familière (pour le problème) ou à une vérité déjà reconnue (pour le théorème), dans le second cas, à une impossibilité (pour le problème) ou à une fausseté manifeste (pour le théorème). Il définissait ainsi l'analyse d'une manière telle que le raisonnement apagogique n'en fût qu'un cas particulier, le cas où la remontée analytique, au lieu de fournir les moyens de résoudre le problème ou de démontrer le théorème, révélait l'impossibilité d'une solution du premier ou constituait une réfutation du second.

Cette intégration du raisonnement par l'absurde au genre de l'analyse, dont il n'y a aucune trace dans le texte interpolé au livre XIII des *Eléments*, se retrouve en revanche chez d'autres auteurs. Ainsi Ibn al-Haytham dans son traité *Sur l'analyse et la synthèse*[1], après avoir lui-même distingué dans l'analyse une *partie théorique* et une *partie pratique*, concluait pour la première :

> si cette voie mène à une propriété donnée, alors la notion recherchée est valide et a une réalité ; mais, si cette voie aboutit à une propriété fausse, la notion recherchée est fausse et n'a pas de réalité ;

et il mentionnait, pour la seconde, outre le cas où l'on « aboutit ainsi à une chose donnée », l'éventualité où « ce qu'on cherche ne s'achève pas » parce que « l'analyse, dans cette partie, aboutit également à l'impossible ».

Effectivement, parmi les dix-neuf exemples d'*analyse*[2] par lesquels Ibn al-Haytham illustre son traité, trois, qui d'ailleurs ressortissent tous au genre que lui-même appelle *théorique* et que Pappus appelait *zététique*, ne sont autres que des réfutations par l'absurde :

1) réfutation de la proposition arithmétique selon laquelle « si on a des nombres successifs proportionnels et si on retranche du second un < nombre > égal au premier, alors le rapport du nombre qui reste du second au premier est égal au rapport du

1. Édition et traduction française par Roshdi Rashed, *Mélanges*, 20, Mideo, Institut dominicain d'études orientales du Caire, Louvain, Paris, Éditions Peeters, 1991, p. 50-56.

2. Dans l'édition donnée par Roshdi Rashed, ces dix-neuf exemples sont numéroté de <4> (p. 78) à <22> (p. 188). Les trois réfutations par l'absurde sont respectivement numérotées : <5> (p. 86-89), <10> (p. 112-113) et <15> (p. 134-141).

dernier nombre à la somme de tous les nombres qui le précèdent» ; ce qu'on pourrait formaliser de la manière suivante :

$$\frac{a}{b} = \frac{b}{c} = \frac{c}{d} \Rightarrow \frac{b-a}{a} = \frac{d}{a+b+c}$$

2) réfutation de l'énoncé géométrique qui, prenant le contre-pied de la proposition 20 du premier livre des *Eléments* d'Euclide, prétendrait que «la somme de deux côtés d'un triangle est égale au troisième côté».

3) réfutation de la proposition d'astronomie qui soutiendrait que le centre du cercle que parcourt le soleil d'un mouvement régulier est identique au centre de l'univers.

Une telle assimilation du raisonnement par l'absurde à l'analyse est loin d'être dépourvue de toute justification. Il y a en effet entre l'un et l'autre cette ressemblance qu'on y part de la proposition à établir ou à réfuter et qu'on y remonte en quelque sorte aux raisons de son établissement ou de sa réfutation. Dans l'un et l'autre cas, il y a bien démarche à rebours, ce que les Grecs appelaient *apagogè*. Nous n'avons donc aucune raison de dénoncer cette assimilation comme ouvertement abusive ou gratuite. Au demeurant, convenons avec Pascal de «la liberté [...] qu'on a de faire à son gré des définitions»[1] et, sans contester, à Pappus et à ceux qui sur ce point l'ont suivi, le droit d'intégrer le *raisonnement par l'absurde* à leur définition de l'*analyse*, expliquons-nous sur les raisons pratiques qui nous conduiront à adopter d'autres conventions terminologiques.

L'*ordre naturel*, qu'instituait la démarche synthétique et suivant lequel, comme nous l'avons déjà évoqué, le mathématicien grec s'imposait de fonder rigoureusement les thèses et les solutions nouvelles sur celles qu'il avait préalablement établies, comportait cette difficulté que nous avons caractérisée ailleurs[2] comme un défaut de «marche arrière». Il oblige en effet à savoir seulement d'où l'on vient, sans fournir la moindre lumière sur la direction vers laquelle on va. Or, le mathématicien peut avoir à l'esprit ce qu'on appelle des *conjectures* (Archimède déjà soulignait l'importance de celles-ci et se souciait des moyens qui pourraient les suggérer), sans que la méthode synthétique puisse par elle-même l'éclairer en quoi que ce soit sur la manière dont il pourrait les rejoindre à partir des théorèmes déjà établis. Le seul recours qu'ait à cet égard celui qui s'enfermerait dans les limites de la synthèse

1. Pascal, *Œuvres complètes*, texte établi, présenté et annoté par Jean Mesnard, Paris, Bibliothèque européenne Desclée de Brouwer, III, 1991, p. 408.

2. *Le Raisonnement par l'absurde*.

est le *raisonnement par l'absurde*, suivant lequel, en tirant de la négation de la conjecture qu'il chercherait à démontrer une proposition incompatible avec quelque vérité reconnue, il prouverait ainsi indirectement cette conjecture elle-même.

Que le recours au raisonnement apagogique se trouve étroitement lié à la procédure de démonstration synthétique tient évidemment au fait que l'implication propositionnelle, qui sous-tend la majorité des inférences du mathématicien classique, se prête à contraposition. Ainsi celui-ci, au lieu de tenter de se diriger, à partir des théorèmes dont il dispose, vers le nouveau théorème qu'il conjecture, a, dans cette procédure, la possibilité syntaxiquement et sémantiquement équivalente, de s'appuyer sur la négation de cette conjecture pour en déduire la négation de quelque vérité établie. Ceci suffit à justifier le rôle considérable que le raisonnement par l'absurde occupe au cœur même des traités mathématiques qui privilégient la synthèse, comme ceux d'Euclide, d'Archimède ou d'Apollonius.

Il n'y a donc pas lieu de s'étonner que tous les textes mathématiques qui nous sont parvenus ne permettent guère d'envisager qu'il ait pu y avoir, dans l'élaboration de la procédure hypothético-déductive, un moment où elle se soit passée de tout recours au raisonnement apagogique. Celui-ci est partout présent chez Euclide, dès le premier livre des *Eléments*, chez Archimède, chez Apollonius, etc. ; plus exactement il est *partout* présent, *sauf* dans les passages extrêmement circonscrits de ces œuvres qui précisément recourent eux-mêmes à la démarche analytique, entendue au sens restreint où celle-ci débouche positivement sur la démonstration d'un théorème ou la solution d'un problème. Il y a dans la synthèse une essentielle cécité sur la direction dans laquelle elle procède ; celle-ci ne pouvait se compenser que par un constant recours à la démonstration de l'impossibilité de nier les conjectures, sans lequel le mathématicien eût été réduit à rencontrer ses théorèmes à l'aveuglette.

Si donc nous reprenions ici les usages terminologiques de Pappus ou d'Ibn al-Haytham, ceux-ci risqueraient de nous masquer cette singularité tout à fait remarquable que, dans l'œuvre d'Archimède, l'analyse (au sens restreint qui sera désormais le nôtre) surgit au livre II de *De la sphère et du cylindre*, alors que le raisonnement par l'absurde est ailleurs partout. Si nous avons commencé sur ce point par évoquer Archimède avant ceux qui l'ont précédé, c'est seulement parce que ce recours à l'analyse est chez lui explicite. Le seul fait qu'il soit au contraire dissimulé au livre XIII des *Eléments* nous empêche de parler ici de *surgissement*. L'essentiel reste que ce recours à l'analyse (peu importe qu'il soit implicite) auquel procède à deux reprises le livre XIII, et qui exclut alors tout appel à l'apagogique, ne se retrouve dans aucun des livres précédents, dont la démarche intégralement synthétique s'appuie en revanche presque constamment sur des raisonnements par l'absurde.

Telle est la raison pour laquelle nous préférons exclure de notre caractérisation de l'*analyse* considérée comme méthode les cas où la solution supposée du problème conduit à une condition impossible, et où l'admission de la conjecture mène au faux. L'*analyse*, telle que nous l'entendrons, consiste à remonter de la solution du problème supposée connue ou de l'énoncé du théorème supposé vrai à une condition au moins suffisante de sa solution ou de sa vérité.

Une conséquence d'un tel choix terminologique est que nous serons amené à imputer à l'analyse, comme un trait essentiel, la nécessité d'y pouvoir compléter la démarche ascendante, du problème supposé résolu ou de la conjecture supposée admise, vers les conditions de sa solution ou de sa vérité, par la démarche descendante, de ces conditions ainsi atteintes jusqu'à la solution ou jusqu'au théorème. Si l'on définit cette possibilité d'une redescente comme essentielle, il devient alors impossible de considérer le raisonnement apagogique lui-même comme une forme d'analyse. Car enfin :

1) que la remontée de la solution supposée aboutisse à une condition impossible suffit entièrement à invalider la solution ; et que la remontée de la conjecture aboutisse au faux suffit à falsifier la conjecture, sans qu'il soit en rien utile d'envisager une quelconque redescente ;
2) au demeurant, cette redescente serait dans le cas du raisonnement par l'absurde totalement ouverte ou, si l'on préfère et ce qui revient au même, totalement exclue, en tout état de cause entièrement dépourvue de sens, puisque, selon l'adage classique (*ex falso sequitur quodlibet*), le faux auquel ce raisonnement aboutit *impliquerait* n'importe quoi et qu'il serait donc impossible d'en rien *inférer*.

Revenons d'ailleurs aux trois raisonnements par l'absurde qu'Ibn al-Haytham a insérés parmi les dix-neuf exemples d'analyse qu'il donne dans son traité. L'intérêt de ce retour tient à ce que cet auteur s'oblige habituellement à indiquer comment, l'analyse une fois terminée, on peut ensuite procéder à la synthèse. Or, pour les deux premiers cas, dont on se souvient qu'ils constituaient des réfutations de propositions respectivement arithmétique et géométrique, Ibn al-Haytham, en fait de synthèse, se contente de remarquer dans le premier exemple qu'on peut « faire de cette analyse une démonstration par l'absurde »[1], dans le second, que « la démonstration de sa fausseté est cette même analyse, si on la considère comme une démonstration par l'absurde », soulignant qu'« alors le syllogisme sera démonstratif »[2]. Quant au troisième exemple[3], de contenu astronomique, la synthèse y occupe bien, après l'analyse, une place qui est loin d'être insignifiante. L'analyse consistait à prouver que, si le centre du cercle suivant lequel se meut le soleil était aussi le centre de l'univers, alors on serait obligé d'admettre que le mouvement du soleil autour du premier de ces centres fût irrégulier. Ce qu'Ibn al-Haytham appelle *synthèse* ajoute autre chose : à savoir que l'hypothèse que le centre du cercle suivant lequel se meut le soleil n'est pas le centre du monde suffit à concilier la supposition de la régularité de son mouvement réel avec la constatation de l'irrégularité de son mouvement apparent.

Telles sont les raisons pratiques qui nous amènent, dans les pages qui viennent, chaque fois que nous traiterons de l'*analyse* comme méthode, à exclure de l'acception de ce terme le cas du raisonnement apagogique, même si nous devons convenir que de grands auteurs n'ont pas hésité à l'y inclure.

* * *

Nous sommes ainsi conduit à caractériser la démarche analytique, telle en particulier qu'on peut en trouver de nombreux exemples aussi bien dans l'Antiquité grecque que dans la tradition arabo-islamique par la conjonction des deux traits suivants :

1) la présence manifeste ou latente à la base du raisonnement, dans presque tous les cas[4], d'une relation d'équivalence, justifiant la possibilité d'inférer l'un quelconque des deux termes extrêmes de ce raisonnement à partir de l'autre ;

2) le fait de procéder à l'inverse de la démarche synthétique, c'est-à-dire de partir, s'il s'agit d'un problème, de la supposition

1. *Sur l'analyse et la synthèse*, édition Roshdi Rashed, p. 88.

2. *Ibid.*, p. 112.

3. *Ibid.*, p. 136-138.

4. On pourrait légitimement s'inquiéter de notre présent usage du mot « presque » ; d'autant qu'on pourra observer que la suite du chapitre procède, comme si une telle restriction n'existait pas. Nous aurons à revenir à la fin du chapitre suivant sur cette restriction, que, pour simplifier notre présentation, nous pouvons sans inconvénient laisser de côté pour le moment.

que nous en ayons déjà la solution, et, s'il s'agit d'un théorème, de celle que nous en connaissions la vérité.

Considérons d'abord le second de ces deux traits. La consultation des textes anciens dont nous disposons montre que, généralement, les auteurs d'une analyse, quand bien même ils ont procédé assez explicitement par équivalence, s'astreignent à fournir, dans un second temps, la réciproque de leur raisonnement, comme pour compléter leur analyse par la synthèse correspondante. Cette dernière ne se distingue alors de la première que parce qu'elle suit cet ordre ressenti comme naturel dont nous avons précédemment fait état ; alors que l'analyse était cette remontée de la supposition du théorème démontré ou du problème résolu aux conditions de leur démonstration ou solution. Il ne suffit donc évidemment pas que le raisonnement procède par équivalence pour qu'il soit une analyse, même si tout raisonnement cheminant par équivalence se prête à l'analyse, dans la même mesure d'ailleurs où il se prête inversement à la synthèse.

Prenons un exemple, dont l'avantage soit de se conformer aussi bien à la pratique des Grecs qu'à notre algèbre postcartésienne, en laquelle il se laisse immédiatement transcrire. Le problème <18> du traité d'Ibn al-Haytham *Sur l'analyse et la synthèse*[1] demande de

> trouver trois nombres tels que si on ajoute aux deux tiers du deuxième la moitié du premier, si on ajoute aux trois quarts du troisième le tiers du deuxième et si on ajoute à la moitié du premier le quart du troisième, ces trois sommes seront égales.

En désignant les trois nombres par les lettres x, y et z, la supposition que le problème soit résolu conduit à partir de l'égalité des trois sommes que nos habitudes modernes nous feraient écrire

$$\frac{1}{2}x + \frac{2}{3}y = \frac{1}{3}y + \frac{3}{4}z = \frac{1}{2}x + \frac{1}{4}z.$$

En rapprochant l'une de l'autre deux de ces sommes, par exemple la troisième d'abord avec la première, ensuite avec la deuxième, on obtient un ensemble de deux équations à trois inconnues, qui nous permet donc de calculer la valeur de deux quelconques de ces inconnues *relativement à* la troisième. Ibn al-Haytham aboutit ainsi, de la même manière dont un Grec aurait déjà pu, ou nous-mêmes encore (mise à part notre notation algébrique) pourrions y aboutir, à la conclusion que les nombres x, y et z sont dans le rapport de $\frac{5}{4}$, $\frac{3}{8}$ et 1, c'est-à-dire, en

1. Édition Roshdi Rashed, p. 154-159.

nombres entiers, de 10, 3 et 8. Mais après cette analyse, Ibn al-Haytham, fidèle à la tradition grecque, s'oblige à ajouter:

> La synthèse de ce problème se fera de la manière suivante: supposons un nombre [...], ajoutons à celui-ci son quart, [...] et prenons également son quart et son huitième.

Cette construction n'est *synthèse* que parce qu'elle se complète immédiatement de la démonstration réciproque de l'analyse, à savoir que, si les nombres z, x et y sont bien entre eux dans le même rapport que 1, $\frac{5}{4}$ et $\frac{3}{8}$, alors les trois sommes évoquées dans l'énoncé du problème seront effectivement égales entre elles.

L'originalité de l'*analyse* sur la *synthèse*, bien qu'en l'occurrence toutes deux procèdent par équivalence tient ici seulement à ce que l'analyse part de la supposition du problème résolu; dans le cas présent, la synthèse au contraire part des valeurs dont on établit qu'elles satisfont bien aux conditions qui avaient été initialement posées.

Mais le premier trait par lequel nous avons caractérisé l'analyse est évidemment étroitement lié avec celui que nous venons de voir. Car la possibilité d'un retournement pur et simple du raisonnement qui permette d'y inverser les rôles d'antécédent et de conséquent pourrait difficilement être ouverte, si la liaison constitutive du dit raisonnement n'était pas fondamentalement ce qu'on appelle une *relation d'équivalence*. Comme le soulignait déjà Leibniz[1], «il faut que les propositions soient réciproques, afin que la démonstration synthétique puisse repasser à rebours par les traces de l'analyse». Ce n'est que sur la base d'une telle réciprocité, implicite ou explicite, qu'on peut parler d'*analyse*, c'est-à-dire d'une remontée, à partir de ce qui n'est pas encore établi et qui est le but même qu'on essaie d'atteindre, vers ses conditions nécessaires et suffisantes, dont il peut se trouver en fin de compte qu'on dispose déjà. Or la *relation d'équivalence*, qui autorise une telle remontée analytique, peut être elle-même de deux sortes, comme on le comprend très bien en observant la manière dont sont rédigés les théorèmes, notamment les théorèmes grecs.

La majorité des théorèmes grecs revêt, explicitement ou implicitement, la forme d'un énoncé conditionnel. Lorsque la proposition 5 du livre X des *Eléments* dit que

1. G.W. Leibniz, *Philosophische Schriften*, édition Gerhardt, Berlin, vol. 5, p. 466.

> les grandeurs commensurables ont l'une à l'autre la raison qu'un nombre a à un nombre,

elle signifie implicitement, sous les dehors caractéristiques de sa présentation, que

> si deux grandeurs sont commensurables, elles auront la même raison qu'un nombre a à un nombre ;

alors que la proposition qui suit immédiatement formule, explicitement cette fois, la réciproque :

> Si deux grandeurs ont l'une à l'autre la raison qu'un nombre a à un nombre, ces grandeurs seront commensurables.

En grec, où l'on ne dispose pas d'une conjonction correspondant au *si et seulement si* du vocabulaire logique contemporain, le mathématicien a l'habitude d'exprimer une telle *équivalence* propositionnelle en juxtaposant, comme dans l'exemple dont nous venons de faire état, la simple implication et sa réciproque. Dans les *Eléments* d'Euclide, par exemple, de tels jumelages d'une proposition avec sa réciproque sont très fréquents, que les deux soient conjointes en un même théorème ou qu'elles soient l'objet de deux théorèmes distincts, généralement voisins.

Si donc l'on dispose, plus ou moins immédiatement ou directement, de telles *équivalences propositionnelles*, le passage à la procédure analytique s'appuiera sur la possibilité d'inverser antécédents et conséquents du raisonnement, sans qu'il y ait cette fois besoin de procéder à la moindre contraposition. Qu'il soit en effet bien clair qu'un tel renversement ne présente qu'une vague analogie avec celui que présupposait le passage du raisonnement ostensif au raisonnement apagogique. Dans ce dernier passage, en effet, c'est la négation du conséquent qui prend la place d'antécédent et la négation de l'antécédent qui tient lieu de conséquent. En revanche, quand la proposition conditionnelle sous-entend une double implication ou se jumelle à l'implication converse, comme c'est le cas pour l'analyse, telle que nous l'avons caractérisée, antécédent et conséquent peuvent, tels quels, échanger leurs rôles.

Mais il peut arriver aussi que la forme conditionnelle recouvre moins l'implication d'une proposition par une autre, ou de deux propositions l'une par l'autre, que la simple énonciation de l'égalité de deux termes. Donnons-en comme exemple la proposition 1 du *Livre des nombres polygones* de Diophante[1] :

> Si trois nombres se dépassent l'un l'autre d'une manière égale, l'octuple produit du plus grand et du moyen, augmenté du carré du plus petit donne un carré dont la racine est égale à la somme du plus grand nombre et du double du nombre moyen.

On peut, déjà en langue vernaculaire, débarrasser cet énoncé de sa forme conditionnelle, en remplaçant la subordonnée initiale par :

> De trois nombres, se dépassant l'un l'autre d'une manière égale, etc.

On peut surtout, en désignant par *n* le plus petit des trois nombres et par *a* le nombre dont ils se dépassent, donner à cet énoncé la forme de l'égalité suivante :

$$8(n + 2a)(n + a) + n^2 = [(n + 2a) + 2(n + a)]^2 .$$

Bien que les exemples en soient relativement rares, il arrive tout de même que certains théorèmes se présentent ouvertement eux-mêmes comme énoncés d'une égalité. C'est le cas, dans le traité d'Ibn al-Haytham *Sur l'analyse et la synthèse*, du théorème <16> concernant cette fois les rapports musicaux[2] :

> L'intervalle d'octave est composé de l'intervalle de quarte et de l'intervalle de quinte

qui énonce une égalité entre un intervalle donné et la composition de deux autres.

Dans une situation de ce genre, il est souvent possible de profiter de cette *relation d'équivalence* qu'est l'égalité (de deux aires, de deux volumes, de deux sommes ou produits de nombres, comme dans le premier exemple, voire de deux intervalles ou combinaisons d'intervalles, comme dans le second) pour partir de l'un des deux termes jusqu'à établir, d'égalité en égalité, son équivalence avec l'autre, suivant une démarche évidemment réversible. Sans doute ne suffit-il pas à cet effet que les propositions aient chacune la forme d'une égalité et qu'elles se déduisent les unes des autres ; il y faut la condition supplémentaire qu'il y ait de la première à la dernière de ces égalités, égalité des termes constitutifs de chacune aux termes constitutifs de la suivante.

1. Diophante d'Alexandrie, *Les Six Livres arithmétiques et le livre des nombres polygones*, traduction Paul Ver Eecke, nouveau tirage, Paris, Albert Blanchard, 1959, p. 278.
2. Édition Roshdi Rashed, p. 140.

* * *

Il ne faut pas méconnaître cette possibilité de fonder directement l'analyse sur les propriétés de l'égalité de deux grandeurs, indépendamment de la possibilité de la fonder sur les propriétés de l'équivalence propositionnelle, explicite ou implicite, la seule forme habituellement envisagée. Il est vrai qu'il peut y avoir deux raisons pour que cette possibilité d'exploiter la relation d'égalité au profit de l'analyse ait échappé aux observateurs. La première tient à ce qu'une telle exploitation de la simple égalité a pu être plus rare, et peut-être aussi plus récente, que l'exploitation, à même fin, de l'équivalence propositionnelle. Mais il y a sans doute, à une telle relative méconnaissance, une seconde raison, beaucoup plus fondamentale : supposons une consécution de *n* termes, tous reconnus successivement égaux les uns aux autres, formant, par le fait même, une chaîne de *n - 1* égalités successives ; chacune de ces *n - 1* égalités constituera une proposition, elle-même *propositionnellement* équivalente à l'égalité qui la précède comme à celle qui la suit ; entre les *n - 1 égalités* prises ainsi successivement deux à deux il y aura donc *n - 2 équivalences* successives ; si bien que l'exploitation de la valeur d'équivalence de ces *n - 1* égalités ne se distinguera pas de celle de la valeur d'équivalence de ces *n - 2* équivalences propositionnelles. Ainsi la possibilité, que nous avons signalée, de fonder l'analyse sur les propriétés de l'égalité des grandeurs, si réelle qu'elle soit, est d'autant moins perceptible qu'une telle chaîne d'égalités engendre à son tour une chaîne d'équivalences propositionnelles, dont l'observateur parviendra très difficilement à la distinguer.

Ceci explique que la plupart de nos raisonnements qui procèdent par voie d'analyse puissent franchir certaines de leurs étapes en faisant valoir des égalités de terme à terme, et les autres en s'appuyant sur de simples équivalences propositionnelles, sans que l'auteur ait besoin de prendre explicitement conscience de la différence de ces deux situations.

Nous n'en donnerons que l'exemple extrêmement bref, de la démonstration par laquelle Leibniz illustrait les insuffisances de la *Géométrie* cartésienne[1]. Soit à déterminer la valeur de *x* dans l'équation

$$c^x = ab^{x-1}.$$

Leibniz énonce les trois étapes suivantes :

$$x \log c = \log a + (x - 1) \log b$$

$$x \log c - x \log b = \log a - \log b$$

1. G.W. Leibniz, *Mathematische Schriften*, édition Gerhardt, Halle, vol. 5, p. 279.

$$x = \frac{\log a - \log b}{\log c - \log b} \quad .$$

L'équivalence entre chacune des quatre étapes et celle qui la précède ou la suit est évidemment de nature strictement propositionnelle. Mais la présentation leibnizienne laisse sous-entendues les égalités ou suites d'égalités :

$$\log c^x = x \log c$$

et surtout

$$\log ab^{x-1} = \log a + \log b^{x-1}$$

$$\log a + \log b^{x-1} = \log a + (x - 1) \log b$$

$$\log a + (x - 1) \log b = \log a + x \log b - \log b$$

ou encore

$$x \log c - x \log b = x (\log c - \log b)$$

sans lesquelles les équivalences propositionnelles entre les quatre étapes ne pourraient elles-mêmes s'établir. Cet exemple illustre ce que nous venons de dire : c'est ici parce que les égalités fondent des équivalences que nous ne les distinguons plus dans la chaîne des équivalences successives de toutes celles qui ne se fondent pas sur une égalité, et que l'auteur du raisonnement (Leibniz en l'occurrence) peut parfaitement les sous-entendre sans nous choquer.

*
* *

Dans le cas, le plus fréquent comme nous venons de le voir, où la possibilité de l'analyse est ménagée, en fin de compte, par les propriétés de l'équivalence propositionnelle, nous devons encore mettre en garde contre une interprétation trop étroite de ce que nous entendrons par ce terme d'*équivalence*. Sans doute rencontrerons-nous des circonstances où une telle analyse consistera effectivement à remonter de la proposition initiale à la proposition terminale par une succession de propositions intermédiaires, toutes équivalentes entre elles, donc chacune en particulier équivalente à la première comme à la dernière, la proposition p_i étant ainsi immédiatement liée par une double implication tant à la proposition p_{i-1} qui la précède qu'à p_{i+1} qui la suit.

Mais la relation d'équivalence à laquelle nous faisons ici allusion peut encore revêtir une autre forme que de simple proposition à simple proposition. Donnons-en l'exemple le plus élémentaire que nous ayons pu trouver. La première proposition du premier des *Livres arithmétiques* de Diophante[1] demande de

> partager un nombre proposé en deux nombres dont la différence est donnée.

Le raisonnement suivi par l'auteur grec, traduit en notation algébrique, consiste à montrer l'équivalence de la conjonction des deux propositions :

$$x + y = 100 \quad \& \quad x - y = 40$$

puisque tel est le cas particulier sur lequel raisonne Diophante, avec la conjonction

$$x = 70 \quad \& \quad y = 30$$

selon l'enchaînement suivant :

①	$x + y = 100$	
②	$x - y = 40$	
③	$x = y + 40$	conséquence de ②
④	$2y + 40 = 100$	conséquence de ① et ③
⑤	$2y = 60$	conséquence de ④
⑥	$y = 30$	conséquence de ⑤
⑦	$x = 70$	conséquence de ③ et ⑥

S'il y a bien dans la chaîne ci-dessus quelques équivalences singulières de proposition à proposition (entre ② et ③ ou entre ④, ⑤ et ⑥) et s'il est bien vrai que nous aurions la possibilité de remonter le cours du raisonnement à partir de ⑥ et ⑦ vers ① et ②, il n'en reste pas moins que l'équivalence fondamentale est ici entre le couple de propositions initiales et le couple de propositions terminales, et que les justifications du retour seraient pour l'ensemble non seulement très différentes de celles de l'aller, telles que nous les avons évoquées à la suite de chaque étape, mais sans véritable symétrie entre elles.

Ainsi lorsque nous ferons état d'*équivalences* pour rendre compte de la démarche analytique et de la possibilité de son retournement, il faut qu'il soit bien entendu que cette équivalence s'exerce entre un *ensemble* de propositions et un autre *ensemble* de propositions, comme on le comprendra immédiatement si l'on songe à ce qui deviendra la classique méthode de résolution des systèmes de *n* équations du premier degré à *n* inconnues. C'est seulement dans le cas des raisonnements les plus simples que de tels ensembles de propositions sont à unique élément.

1. *Les Six Livres arithmétiques et le livre des nombres polygones*, trad. Ver Eecke, p. 9.

*
* *

En s'appuyant notamment sur le début du livre VII de *La Collection mathématique* de Pappus, Hintikka et Remes ont proposé[1] une présentation de l'analyse en six étapes, dont nous reprendrons ici le principe :

1) la première consiste en l'*énonciation de ce qui nous est donné*, en grec τὰ δεδομένα, c'est-à-dire l'ensemble de tout ce qui se trouve initialement établi ; ce qui sous-entend toutes les constructions que ce donné à lui seul autorise ; nous désignerons cet ensemble par la majuscule D.

2) La deuxième étape consiste en l'*énonciation* de ce qui est cherché, en grec τὸ ζητούμενον, que cet objet cherché soit la solution que le problème appelle ou le théorème qu'il s'agit de démontrer ; nous le désignerons par la minuscule *z*.

3) La troisième étape est celle de l'*analyse* proprement dite. Elle consiste à établir, sur la base de l'ensemble du donné D, ou, plus exactement, sur la base d'un de ses sous-ensembles, que nous désignerons par D', que le *cherché z* implique telle construction ou telle proposition, que nous désignerons par la minuscule *d* ; ce que nous pouvons représenter de la façon suivante :

$$D' \Rightarrow (z \Rightarrow d).$$

4) La quatrième étape, qu'Hintikka et Remes qualifient, à la suite de Hankel, comme celle de la *résolution*, constate que *d* appartient à l'ensemble D, c'est-à-dire que *d* est bien une donnée dont on dispose.

5) La cinquième étape, qui est en même temps la première étape de la synthèse sur laquelle s'achève l'analyse, est celle de la *construction* ; construction de la solution du problème, ou éventuellement, s'il s'agit d'un théorème à démontrer, constructions que peut appeler cette démonstration constitutive de l'étape suivante et que la première étape avait pu ne pas encore expliciter.

6) La sixième étape est celle de la démonstration par synthèse ; elle démontre en effet, sur la base de l'ensemble du donné D, ou plus exactement, sur la base de l'un de ses sous-ensembles, que nous désignerons par D" (pour le distinguer de D', avec lequel il ne se confond pas nécessairement), que *d* implique le cherché *z* :

1. *The Method of analysis*, p. 22-26.

D'' ⇒ (d ⇒ z).

Ce résultat, ajouté à celui de la troisième étape, nous garantit que, sur la base de l'ensemble du donné D, dans lequel D' et D'' sont inclus, il y a équivalence entre *z* et *d*.

Qu'il soit bien clair que ces six étapes ne se retrouvent pas à l'état explicite en chacun des raisonnements analytiques. Déjà nous avons noté au passage que la cinquième étape, si elle avait sa place dans la solution des problèmes, n'en avait pas toujours dans la démonstration des théorèmes. Là même où ces étapes sont en principe indispensables, elles peuvent demeurer implicites ou sous-entendues. Le plus important de ces sous-entendus concerne la relation qu'ont l'une à l'autre la troisième et la sixième étapes. Le schéma que nous avons emprunté à Hintikka et Remes suppose en effet que l'auteur de l'analyse ait établi distinctement d'abord :

D' ⇒ (z ⇒ d).

ensuite :

D'' ⇒ (d ⇒ z).

Mais il n'est pas impossible que ces deux étapes soient télescopées en une seule, que nous pourrions alors représenter de la façon suivante :

D ⇒ (z ⇔ d).

CHAPITRE II

LES DIFFÉRENTES FORMES DE LA DÉMARCHE ANALYTIQUE

Nous avons donc essayé au chapitre précédent de donner les caractéristiques essentielles de ce que nous avons appelé « la démarche analytique », et qui nous semble correspondre à ce que le titre du livre de J. Hintikka et U. Remes appelait « the method of analysis ». De telles désignations tendent à isoler, parmi les acceptions qu'a pu prendre le terme d'*analyse* déjà dans son seul usage mathématique, celle qu'on peut qualifier sans trop d'abus d'*initiale*.

Les géomètres grecs, en deçà desquels il nous est difficile sur ce point de remonter, désignaient bien par ce terme d'*analyse* une *méthode* ou une *démarche*, même si une telle acception se verra plus tard concurrencée par d'autres, dont il nous faudra aussi tenir compte. D'où la nécessité de nous arrêter d'abord à cette première acception.

Que cette acception soit celle des Anciens ne signifie évidemment pas qu'elle ait disparu après eux. Sans même parler des auteurs arabo-islamiques, les exemples sur lesquels nous aurons à raisonner montrent que, alors même que le terme d'*analyse* se sera chargé d'autres significations, il arrivera aux mathématiciens de recourir à cette même procédure analytique qu'on trouvait déjà chez les Grecs.

La manière dont nous avons essayé de caractériser une telle méthode par ses traits fondamentaux permet de distinguer au moins trois formes que puisse prendre cette démarche analytique ; trois formes donc que nous aurons à examiner successivement sur quelques exemples. A ces trois formes, nous en ajouterons d'ailleurs une quatrième, bien que l'admission de cette dernière nous contraigne à modifier, sur un point précis, les caractéristiques que nous avions reconnues, dans notre premier chapitre, à la démarche analytique en général.

En nous référant à la distinction des six étapes de la démarche analytique, que nous avons, à la fin du chapitre précédent, empruntée à Hintikka et Remes, nous désignerons donc d'abord comme *analyses parfaites*, celles où la troisième et la sixième de ces étapes se trouvent bien effectivement distinguées l'une de l'autre.

Comprenons d'abord qu'une telle attitude est celle qui s'accorde le mieux à ce que nous serons tenté d'appeler l'éthique fondamentale du géomètre grec. Cette éthique, dont les mathématiques modernes, quelque intérêt qu'elles puissent porter à l'analyse, restent héritières, accorde une sorte de priorité logique, nous l'avons vu, à la synthèse. Du point de vue grec, l'analyse n'est qu'un moyen d'invention, Descartes dira une *méthode*, d'un mot grec, μέθοδος, qui signifie *voie détournée*, voire artifice, pour retrouver la *voie directe*, ὁδός, qui seule procède par composition progressive des éléments.

On peut presque dire qu'en droit l'analyse ne regarde personne. Nous verrons que, si le lecteur du livre XIII des *Eléments* d'Euclide parvient à deviner qu'à deux reprises au moins l'auteur initial n'a pu mettre au point la synthèse qu'il nous livrait que parce qu'il avait dû d'abord remonter analytiquement, de la supposition du problème résolu ou de la formulation du résultat souhaité, jusqu'aux fondements à partir desquels il avait pu ensuite opérer ces démonstrations synthétiques, il est pour autant inutile de prêter aux Grecs, comme Descartes n'hésitera pas à le faire, quelque volonté de nous celer, pour se les réserver à eux-mêmes, les secrets de leurs découvertes. A la limite, la manière dont le mathématicien a trouvé sa démonstration, laquelle se doit d'être elle-même synthétique, ressortit aux anecdotes de sa vie privée. Sans même aller jusque-là, des géomètres comme Archimède, que les moyens d'inventer les démonstrations intéressent suffisamment pour qu'ils y consacrent certains écrits, comme *La Méthode relative aux propositions mécaniques*, accepteront sans doute d'indiquer l'analyse à laquelle ils auront d'abord procédé, mais ne pourront alors s'estimer dispensés pour autant de donner ensuite la démonstration synthétique. Si, dans un cas de ce genre, nous parlons d'*analyse parfaite*, c'est pour souligner qu'une telle analyse n'est alors complétée et achevée que par l'effectivité de la synthèse, qui, dans une étape distincte, la suit et la conclut.

Nous avons déjà évoqué le fait qu'Archimède avait ouvertement employé l'analyse dans un, et d'ailleurs dans un seul, des livres qui nous sont parvenus de son œuvre, à savoir au livre II du traité *De la sphère et du cylindre*, ce dans des circonstances très précises. Il ne faut pas oublier en effet que le livre I de ce traité avait obtenu, suivant la méthode synthétique la plus classique, des résultats extrêmement spectaculaires, dont il semble que le Syracusain fût resté très fier jusqu'à la fin de sa vie : aire du cône isocèle, de la sphère, du segment de sphère, volume de la sphère rapporté à celui du cylindre où elle s'inscrit, volume du secteur de sphère notamment. Or Archimède, au même Dosithée auquel il avait adressé son livre I, envoie dans un second temps trois théorèmes et six problèmes constitutifs du livre II, qu'il présente comme des conséquences ou des applications directes du livre I. Les trois théorèmes sont démontrés de la manière la plus classique ; les six problèmes en revanche sont établis chaque fois en deux temps distincts, la synthèse étant précédée d'une analyse, ces mots d'*analyse* et de *synthèse* faisant ici dans l'œuvre d'Archimède leur unique apparition, du moins dans cette acception [1].

Prenons l'exemple du problème qui constitue la proposition 1 :

> Etant donné un cône, ou un cylindre, trouver une sphère égale à ce cône, ou à ce cylindre.

Partant de la supposition du problème résolu, l'analyse ramène ce problème à celui de l'obtention de deux moyennes proportionnelles entre deux segments donnés ; problème qui certes ne pourrait lui-même se résoudre à la règle et au compas, mais pour lequel il existait déjà à l'époque d'autres solutions comme celle de Ménechme, par intersection de deux sections coniques ; ce pourquoi Archimède ne s'y arrête pas. Il procède alors, non par équivalence même implicite, mais bien selon les deux étapes distinctes que nous avions ainsi caractérisées :

1) $D' \Rightarrow (z \Rightarrow d)$

2) $D'' \Rightarrow (d \Rightarrow z)$.

Non seulement ici « $d \Rightarrow z$ » n'est pas le simple retournement de « $z \Rightarrow d$ », lequel n'est d'ailleurs pas intégralement réversible, mais les sous-ensembles de thèses D' et D" ne sont pas exactement identiques.

Sans entrer dans le détail d'un raisonnement complexe, contentons-nous de donner quelques indications qui puissent éclairer l'irréversibilité des deux démonstrations. Archimède recourt en effet constamment, au moins implicitement, aux théorèmes des livres V et XII des *Eléments*. Or beaucoup de ceux-ci sont réversibles, soit qu'ils aient leur réciproque, par exemple V-17, qui revient à dire :

$$\frac{a+b}{b} = \frac{c+d}{d} \quad \Rightarrow \quad \frac{a}{b} = \frac{c}{d}$$

1. La portée de cette remarque se trouve tout de même limitée par le fait que le traité *De la sphère et du cylindre* ne nous est parvenu que dans une transcription du dorien d'origine en grec commun.

dont V-18 est effectivement l'exact réciproque, soit encore qu'ils soient à eux-mêmes leur propre réciproque, comme V-16 :

$$\frac{a}{b} = \frac{c}{d} \Rightarrow \frac{a}{c} = \frac{b}{d}.$$

D'autres, en revanche, sont manifestement sans réciproque possible, comme V-11 :

$$\frac{a}{b} = \frac{c}{d} \quad \& \quad \frac{c}{d} = \frac{e}{f} \quad \Rightarrow \quad \frac{a}{b} = \frac{e}{f},$$

que l'analyse constitutive de cette première proposition du second livre de *De la sphère et du cylindre* mobilise pourtant deux fois consécutivement. Sans doute, derrière une telle consécution, le fond du raisonnement laisse-t-il deviner qu'il suffirait de quelques modifications superficielles de sa présentation pour transformer l'analyse du Syracusain en une suite d'authentiques équivalences. Il n'empêche que l'ensemble des inférences, tel qu'il se donne, n'est pas ici littéralement réversible, et qu'Archimède, qui souligne par des « donc » (ἄρα) l'enchaînement rigoureux de ses propositions, a toutes raisons de se sentir tenu, après l'analyse, de nous livrer la synthèse, qui seule authentifie la foncière réversibilité.

La fidélité à cette forme *parfaite* de l'analyse aura pour effet qu'un même auteur pourra présenter comme analyse et synthèse tantôt deux raisonnements dont l'équivalence de l'un à l'autre saute aux yeux et tantôt au contraire deux démarches aux cheminements apparemment irréductibles.

Ibn al-Haytham reprend, à l'exemple <9> de son traité *Sur l'analyse et la synthèse*[1], le théorème qui constituait la proposition 20 du livre I des *Eléments* d'Euclide :

> La somme de deux côtés d'un triangle est plus grande que le côté restant.

Il en propose deux analyses possibles, chacune fondée sur une construction différente, mais recourant, l'une et l'autre, aux deux mêmes théorèmes d'Euclide, qui disent, pour tout triangle, l'un (I-18) qu'à un plus grand côté est opposé un plus grand angle, l'autre (I-19) réciproquement qu'à un plus grand angle est opposé un plus grand côté.

La première analyse propose de compléter le triangle ABC, en traçant les droites AD et DC, AD étant égale à AC et située dans le prolongement de BA. L'analyse suit alors les cinq étapes suivantes,

1. Édition Roshdi Rashed, p. 106-111.

dont la première se contente d'énoncer ce que la synthèse devra démontrer :

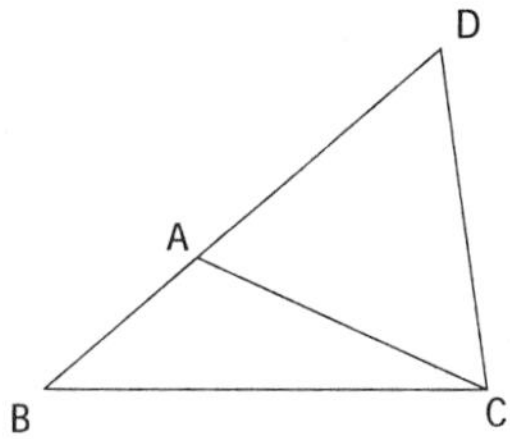

① BA + AC > BC
② BD > BC puisque BD = BA + AD = BA + AC
③ BCD > BDC d'après I-18 d'Euclide
④ BDC = ACD puisque le triangle ACD est isocèle
⑤ BCD > ACD en vertu de ③ et ④.

La synthèse partira de l'étape terminale précédente, laquelle découle immédiatement de la construction de la figure ; l'étape suivante sera l'ancienne étape ④, qui se justifie également, comme c'était déjà le cas dans le sens inverse, par les propriétés de la figure ; l'ancienne étape ④ implique alors l'ancienne étape ③, laquelle implique à son tour l'ancienne étape ②, en vertu cette fois de I-19 d'Euclide ; enfin l'ancienne étape ② impliquera l'ancienne étape ① pour la même raison pour laquelle, dans l'analyse, ① avait impliqué ②. Le retournement de l'analyse en synthèse repose ici sur le fait qu'il y a entre les cinq étapes quatre équivalences. Simplement la relation entre ② et ③ ne peut être perçue dans sa nature d'équivalence que si l'on conjoint les deux théorèmes I-18 et I-19 d'Euclide sous la forme qu'on pourrait écrire aujourd'hui :

> Dans tout triangle, un angle est plus grand qu'un autre si et seulement si le côté opposé au premier est plus grand que le côté opposé à l'autre,

en une seule et même équivalence. Caractéristique est la volonté d'Ibn al-Haytham de dissocier la chaîne d'équivalences que nous venons d'évoquer en deux suites d'inférences dont la seconde correspond à la synthèse de la tradition grecque.

Ibn al-Haytham prend même la peine d'indiquer, pour le même théorème, une autre construction possible. En effet, dans le même triangle ABC, ou bien, dit-il, AB ≥ BC et alors, à plus forte raison, AB + AC > BC, ou bien AB < BC. Construisons alors sur BC le segment BD égal à AB. En partant de la proposition que la synthèse devra démontrer, on obtient les cinq étapes suivantes :

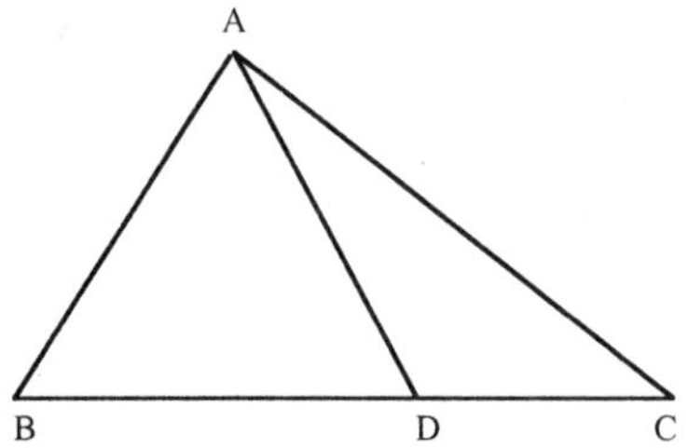

① AB + AC > BC
② AC > BC - AB
③ AC > BC - BD
④ AC > CD
⑤ ADC > CAD

Comme la supposition de ① mène analytiquement à ⑤, la vérité de ⑤ (puisque ADC est un angle obtus) mène synthétiquement à celle de ①; on passait de ④ à ⑤ en vertu de I-18 d'Euclide, on passera de ⑤ à ④ en vertu de I-19. Ici encore Ibn al-Haytham a dissocié en deux suites d'inférences une même consécution d'équivalences.

Mais il peut arriver aussi, comme nous l'avions indiqué, qu'Ibn al-Haytham présente comme analyse et synthèse d'un même problème deux cheminements qui ne se rejoignent qu'à chacune de leurs extrémités. C'est le cas pour l'exemple <6> de son traité[1], qui demande de «diviser deux nombres donnés suivant deux rapports donnés». Soient donc deux nombres *m* et *n* et deux raisons quelconques $\frac{k}{l}$ et $\frac{h}{i}$; il s'agit de couper d'une part *m* en *x* et *m* - *x*, d'autre part *n* en *y* et *n* - *y*, en sorte que :

$$\frac{x}{y} = \frac{k}{l} \quad \text{et} \quad \frac{m - x}{n - y} = \frac{h}{i}$$

L'analyse dans laquelle Ibn al-Haytham va s'engager n'est évidemment pas celle à laquelle se livreraient nos contemporains, qui voient que les deux égalités précédentes nous fournissent en fin de compte un système de deux équations du premier degré à deux inconnues. Mais n'oublions pas que, jusqu'à la Renaissance, y compris celle-ci, la solution des équations du premier degré, au delà d'une unique inconnue, faute d'une représentation systématique de la méthode applicable, sera perçue comme difficile, malgré la maîtrise dont Diophante avait fait preuve dans ce domaine.

Ibn al-Haytham commence donc son analyse en établissant que la supposition du problème résolu exige que :

$$\frac{k}{l} < \frac{m}{n} < \frac{h}{i}.$$

Ceci une fois établi, il est amené à poser deux nombres *u* et *e*, tels que :

1. Édition Roshdi Rashed, p. 88-99.

① $\frac{m}{n-u} = \frac{h}{i}$

② $\frac{m}{n+e} = \frac{k}{l}$

ce qui permet d'obtenir encore :

③ $\frac{n-y}{y-u} = \frac{e}{u}$

④ $\frac{m-x}{x} = \frac{n-y}{y-u}$

Donnons la conclusion de cette analyse, en substituant notre propre notation aux désignations de segments de droite, sur lesquelles Ibn al-Haytham appuie son raisonnement et qui ne le rendent guère facile à suivre. Laissons-y tomber en outre quelques indications que notre notation a l'avantage de rendre superflues :

> L'analyse a donc abouti à ce que le rapport des deux parties de $n - u$, l'une à l'autre[1], est égal au rapport de e [...] à u [...]. Cette notion est possible et n'est pas difficile, c'est-à-dire qu'il est possible de partager $n - u$ en deux parties telles que le rapport de l'une à l'autre soit égal au rapport de e [...] à u.

Ibn al-Haytham continue immédiatement :

> Si l'analyse aboutit à une notion possible, si cette analyse est alors inversée et composée, elle produit ce que l'on cherche ; les propriétés qui ont été dégagées par l'analyse seront des prémisses à partir desquelles on compose un syllogisme démonstratif qui indique la vérité de ce que l'on cherche.

Les propriétés dégagées par l'analyse auxquelles le texte fait allusion, sont évidemment celles qu'expriment les propositions ①, ②, ③ et ④, et qui permettent[2] de construire d'abord u et e, ensuite y et enfin x.

1. A savoir le rapport de $n - y$ à $y - u$, ce qui nous renvoie à l'égalité ③.

2. Le lecteur moderne se dira sans doute que les deux équations initiales constitutives du problème donnaient déjà, presque plus immédiatement, la valeur de x et de y, au demeurant sans avoir à passer par la construction de u et de e. La raison pour laquelle Ibn al-Haytham ne *voyait* pas ce que nos contemporains voient immédiatement est sans doute que les deux équations initiales ne donnent jamais que deux *relations* entre x et y, dont il n'était pas évident qu'on pût tirer la valeur de l'un et de l'autre ; alors que la proposition ③ donne bien ostensiblement une valeur de y (n, e et u étant déjà tous préalablement connus) à partir de laquelle il est évident que ④ donnera ensuite la valeur de x. Comme le dit lui-même Ibn al-Haytham, ①, ②, ③ et ④ expriment des *propriétés*, qui pourront donc servir de *prémisses*, alors que nos équations initiales n'exprimaient que des *relations*, dont il ne deviendra que beaucoup plus tard manifeste qu'on puisse tirer les mêmes résultats.

La synthèse alors explicitement exposée par Ibn al-Haytham consiste à construire successivement *u*, *e*, *y* et *x* à partir des relations ①, ②, ③ et ④. Il établit que cette construction est bien effective, c'est-à-dire que, de ces quatre propositions, on peut déduire que

$$\frac{x}{y} = \frac{k}{l} \quad \text{et} \quad \frac{m-x}{n-y} = \frac{h}{i}.$$

Il est caractéristique du souci de donner une synthèse complète, sans même se dispenser de ce que l'analyse a déjà établi, qu'Ibn al-Haytham, qui pourtant avait démontré que la supposition du problème résolu exigeait que :

$$\frac{k}{l} < \frac{m}{n} < \frac{h}{i}$$

ajoute, la construction ainsi une fois faite et justifiée par une démonstration :

> Il nous reste donc à montrer que, si le rapport des deux nombres n'est pas plus grand que l'un des deux rapports et n'est pas plus petit que l'autre, alors les deux nombres ne peuvent pas être partagés suivant les deux rapports ;

ce qu'il établit d'ailleurs, d'une manière ici originale, par un triple raisonnement par l'absurde, montrant successivement que le rapport de *m* à *n* ne peut être ni égal à l'un des deux rapports, de *k* à *l* ou de *h* à *i*, ni supérieur aux deux, ni inférieur aux deux.

Ainsi cet exemple illustre ce que nous avons désigné comme une *analyse parfaite*, c'est-à-dire complétée d'une *synthèse* qui se charge elle-même d'établir à sa manière propre tous les résultats précédemment atteints. En outre ici, à la différence du théorème de géométrie précédemment envisagé (l'exemple <9> du même traité), nous avons vu que la synthèse procédait par un cheminement entièrement autonome et, loin de se contenter d'inverser le cours de l'analyse, ne le rejoignait que par ses extrémités.

Terminons-en, sur le sujet de ces *analyses parfaites* où le cheminement de la synthèse n'est pas simple inversion de celui de l'analyse, par une mise en garde contre la confusion possible d'une telle situation avec une tout autre situation, qu'on trouve par exemple chez Apollonius. Il arrive en effet que celui-ci obtienne la solution d'un problème par une analyse que notre terminologie qualifierait de *parfaite*, la synthèse y étant explicitement donnée au terme de l'analyse, mais qu'il prolonge cette synthèse par une démonstration elle-même proprement synthétique, qu'il ne puisse y avoir d'autre solution que celle à laquelle l'analyse a fait accéder. C'est en particulier le cas au livre II des *Coni-*

ques. La proposition 47[1] permet ainsi par analyse et synthèse de *trouver l'axe d'une hyperbole ou d'une ellipse donnée*; ceci fait, la proposition suivante établit par l'absurde qu'il n'y a pas d'autres axes que ceux qui ont ainsi été déterminés. Même cas pour la proposition 49[2], où Apollonius dans le dessein, notamment, de *mener par un point donné une tangente à une hyperbole*, après cinq analyses et synthèses successives correspondant aux diverses situations possibles pour ce point donné, démontre ensuite par l'absurde, donc synthétiquement, que le problème serait sans solution si le point était dans une autre situation que les cinq qu'il vient d'envisager.

Prenons bien garde ici que ces démonstrations d'ordre exclusivement synthétique, dont nous-même avons dit qu'elles se plaçaient *dans le prolongement de* la synthèse correspondant à l'analyse initiale, sont néanmoins logiquement tout à fait indépendantes de cette synthèse elle-même. Que leurs résultats viennent *compléter* ceux de l'analyse-et-synthèse qui les ont précédées ne doit pas nous égarer sur ce point, même quand l'auteur, comme c'est le cas pour le second de ces exemples, n'a pas pris la peine d'ériger l'objet d'une telle démonstration par l'absurde en théorème indépendant.

* * *

Au type d'analyse que nous avons qualifiée de *parfaite*, nous opposerons d'autres formes, auxquelles nous ne pouvons appliquer la même appellation pour au moins trois raisons, qui nous amènent à distinguer parmi elles :

1) celles que nous qualifierons d'*inachevées* parce qu'elles n'explicitent pas la synthèse qui, nous l'avons vu, était l'achèvement normal des analyses *parfaites* ;

2) celles où le point d'aboutissement de la synthèse n'est pas exactement identique au point de départ de l'analyse, comme l'exigerait une analyse *parfaite* ; ce sont celles-ci que nous dirons *imparfaites* ;

3) celles enfin, que nous qualifierons de *simplement suffisantes*, en ce qu'elles opèrent une remontée à des conditions suffisantes, mais non nécessaires, de la solution cherchée.

1. *Apollonii Pergaei quae graece exstant cum commentariis antiquis*, édition I.L. Heiberg, editio stereotypa editionis anni MDCCCXCI, Stuttgart, Teubner 1974, I, p. 268-275. *Les Coniques d'Apollonius de Perge*, édition Paul Ver Eecke, nouveau tirage, Paris, Albert Blanchard, 1963, p. 160-163.

2. *Ibid.*, édition Heiberg, p. 276-285 et édition Ver Eecke, p. 165-168.

Nous passerons d'abord assez rapidement sur les analyses ainsi qualifiées d'*inachevées*. Nos contemporains comprendront en effet d'autant plus facilement de quoi en l'occurrence il s'agit, que, très fréquemment, probablement dans la majorité des cas, le mathématicien qui aujourd'hui procède par *analyse*, se dispense d'indiquer explicitement en quoi et comment ses démonstrations peuvent s'inverser, les équivalences latentes sous son raisonnement lui paraissant suffisamment sensibles pour qu'il puisse et doive se dispenser de ce qui pourrait être perçu comme répétition. L'important est à ses yeux de montrer le chemin par lequel la solution ou la démonstration s'invente, c'est-à-dire l'étape proprement analytique elle-même ; il ne partage généralement plus sur ce point les scrupules des Grecs.

Nous avions vu en effet que ceux-ci et, après eux encore, un auteur comme Ibn al-Haytham, hésitaient beaucoup plus à s'accorder cette licence, pour cette raison que la seule voie qui comptât à leurs yeux, la seule indispensable en droit était celle de la synthèse, que l'analyse avait tout au plus la fonction d'anticiper. Laisser tomber l'analyse, une fois trouvé par elle le cheminement de la synthèse, était parfaitement admissible, comme en témoigne implicitement le livre XIII des *Eléments* ; l'inverse l'était beaucoup moins.

Avouons tout de même qu'il arrive à un auteur grec comme Pappus, son analyse une fois menée par voie d'équivalence, de reconnaître que la synthèse est trop *manifeste* pour qu'il vaille la peine de la communiquer. C'est par exemple le cas pour la proposition 39 du livre IV de sa *Collection mathématique*[1] ; celle-ci, après que la proposition 26 a indiqué comment on trouve, au moyen de la *quadratrice de Dinostrate*, une droite égale à la circonférence d'un cercle donné, indique à son tour comment réciproquement « on trouve un cercle dont la circonférence est égale à une droite donnée ». Etant donnée la droite *d*, on se propose donc de trouver un cercle *c*, tel que :

① droite *d* = circonférence du cercle *c* ;

on prend alors un cercle quelconque *c'*, à la circonférence duquel la proposition 26 permet de trouver la droite égale *d'* ; donc :

② circonférence du cercle *c'* = droite *d'* ;

la conjonction de ① et ② implique alors :

③ $\frac{\text{rayon du cercle c}}{\text{rayon du cercle c'}} = \frac{\text{droite d}}{\text{droite d'}}$;

1. Édition Ver Eecke, tome premier, p. 226-227.

connaissant avec le cercle *c'*, qu'on a arbitrairement choisi, le rayon et la circonférence de ce cercle, ainsi que la droite *d* qui nous a été donnée au départ, on obtient le quatrième terme de cette proportion, à savoir le rayon du cercle *c*. La synthèse, dont Pappus se contente donc de dire qu'elle est *manifeste*, va inverser l'ordre des trois étapes, à la seule réserve de la construction du cercle quelconque *c'*, qui devra être préliminaire à la première étape de la synthèse, comme elle pouvait être déjà préliminaire à la première étape de l'analyse; c'est ensuite encore la proposition 26 qui nous permettra d'effectuer la deuxième étape dans le sens de la synthèse; et c'est enfin la conjonction de ces deux premières étapes de la synthèse (qui étaient respectivement les étapes ③ et ② de l'analyse) qui implique la troisième étape, qui avait été le point de départ de l'analyse.

Ici la construction de la solution elle-même s'opère en deux temps:

1) choix d'un cercle quelconque *c'* et obtention d'une droite *d'* égale à sa circonférence,

2) construction du cercle *c* à partir de la proportion livrée à l'étape ③, les trois autres termes *c'*, *d* et *d'* nous étant alors donnés.

Le renversement de l'analyse en synthèse se fait au niveau de la démonstration. L'équivalence fondamentale qui justifie ce renversement, jugé par Pappus trop évident, est celle que l'adjonction de la proposition introduite à l'étape ② instaure entre les deux étapes extrêmes.

On trouverait dans l'œuvre de Diophante de nombreux exemples d'*analyse inachevée*, peut-être parce que cet auteur échappe déjà à la tradition classique de la mathématique grecque. Pour n'en citer qu'un, renvoyons à la proposition initiale des *Livres arithmétiques*, dont nous avons précédemment fait état[1]. Au terme de l'analyse qui lui a permis d'établir que les deux nombres cherchés étaient 70 et 30, Diophante se contente de conclure par la phrase:

> et la preuve est évidente.

Roshdi Rashed signale, au Xe siècle, dans la tradition arabo-islamique, l'*analyse inachevée* proposée par al-Khāzin[2] pour résoudre le problème:

1. *Cf.* ci-dessus, p. 27.

2. *Entre arithmétique et algèbre, Recherches sur l'histoire des mathématiques arabes*, coll. Sciences et philosophie arabes, Paris, Les belles lettres, 1984, p. 204-205.

> Trouver deux nombres carrés, l'un pair l'autre impair, premiers entre eux, dont la somme soit un carré.

L'auteur remonte analytiquement de la supposition du problème résolu aux conditions, en réalité nécessaires et suffisantes, de sa solution. Cette analyse une fois proposée, al-Khāzin ne donne pas cependant la synthèse ; vraisemblablement, comme le suggère Roshdi Rashed, parce que l'équivalent d'une telle synthèse se trouve au lemme 1 qui suit la proposition 28 du livre X des *Eléments*, auxquels le mathématicien arabe souvent, explicitement ou implicitement, se réfère.

* * *

Nous avions réservé l'appellation d'*analyses imparfaites* à celles où le point d'aboutissement de la synthèse n'est pas exactement identique à ce qui a été le point de départ de l'analyse, ce qui peut se produire d'au moins deux manières :

– *ou bien* ces points d'aboutissement ne se présentent pas manifestement comme des équivalents l'un de l'autre, bien que cette équivalence soit en fin de compte démontrable,

– *ou bien* l'analyse assure seulement une sorte de déblaiement préparatoire des données sur lesquelles s'appuiera ensuite la synthèse sans atteindre la totalité des informations que présupposera celle-ci.

Nous emprunterons à Ibn al-Haytham un exemple de l'un et de l'autre cas.

Le premier cas se présente avec le problème <8> du traité *Sur l'analyse et la synthèse*[1], qui demande de « trouver deux nombres carrés dont la somme est un carré ». Disons d'abord, pour n'y plus revenir, qu'Ibn al-Haytham est amené à raisonner dans l'ensemble des rationnels, étant bien évident qu'une fois obtenus trois rationnels répondant aux conditions posées, il sera extrêmement facile d'obtenir trois entiers qui y répondent aussi. En notant par x^2, y^2 et z^2 les trois carrés cherchés, nous représenterons l'analyse à laquelle procède Ibn al-Haytham par les six étapes suivantes :

① $x^2 + y^2 = z^2$

② $z^2 - x^2 = y^2$

③ $(z - x)^2 + 2x(z - x) = y^2$

1. Édition Roshdi Rashed, p. 102-107.

④ $y^2 - (z-x)^2 = 2x(z-x)$

⑤ $x = \dfrac{y^2 - (z-x)^2}{2(z-x)}$

⑥ $\left(\dfrac{y^2 - (z-x)^2}{2(z-x)}\right)^2 + y^2 = z^2$

L'analyse ainsi une fois faite, Ibn al-Haytham propose donc la construction synthétique du problème, que nous traduirons, à peine librement de la manière suivante :

> Nous prenons un nombre carré quelconque y^2 ; nous en soustrayons un autre carré quelconque (qui à cet effet soit plus petit) : $(z - x)^2$; nous divisons ce qui reste de y^2 par $2(z - x)$; soit $\dfrac{y^2 - (z-x)^2}{2(z-x)}$ le résultat de cette division ; nous multiplions ce résultat par lui-même, soit $\left(\dfrac{y^2 - (z-x)^2}{2(z-x)}\right)^2$ le produit. C'est donc un carré et y^2 est un carré ; je dis que la somme de ces deux carrés est un carré.

Ainsi Ibn al-Haytham nous livre un moyen de construire deux carrés dont la somme soit égale à un carré, à savoir les carrés $\left(\dfrac{y^2 - (z-x)^2}{2(z-x)}\right)^2$ et y^2, dont la somme est égale à z^2, à partir de deux carrés arbitrairement choisis y^2 et $(z - x)^2$. Mais, la construction ainsi opérée, il reste à démontrer que cette somme de deux carrés, c'est-à-dire que

$$\left(\frac{y^2 - (z-x)^2}{2(z-x)}\right)^2 + y^2$$

est bien effectivement un carré. Or la démonstration synthétique de la validité de la construction proposée ne peut se faire par simple renversement de l'analyse, c'est-à-dire par une remontée de ⑥ à ①. Car enfin, si l'analyse passait bien de ① à ⑤ par une succession d'équivalences, le rapport de ⑤ à ⑥ était une simple implication qui ne pouvait purement et simplement se retourner.

Montrons d'abord le chemin qu'Ibn al-Haytham *aurait pu* suivre pour remonter de ⑥ à ①, mais qu'en tout état de cause il n'a pas suivi. Effectivement, une preuve que la remontée de ⑥ à ①, sans autre précaution, est impossible, c'est que, si nous multiplions les deux membres de l'égalité ⑥ par $4(z - x)^2$, nous obtenons :

❻ $\left(y^2 - (z-x)^2\right)^2 + 4(z-x)^2 y^2 = 4z^2(z-x)^2$

qui reste vrai pour les valeurs :

$x = 2,\ y = 1 \text{ et } z = 1$

lesquelles valeurs falsifient au contraire la proposition ①. Pour que la proposition ⑥ fût bien équivalente à ①, il faudrait ajouter la double condition suivante :

$z > x \text{ et } z > 0$

qui permettrait, à partir de ❻, le passage de ❹ à ❸ dans les cinq étapes suivantes :

❺ $y^4 + (z-x)^4 - 2y^2(z-x)^2 + 4y^2(z-x)^2 = 4z^2(z-x)^2$

❹ $\left[y^2 + (z-x)^2\right]^2 = 4z^2(z-x)^2$

❸ $y^2 + (z-x)^2 = 2z(z-x)$

❷ $y^2 + z^2 - 2zx + x^2 = 2z^2 - 2zx$

❶ $x^2 + y^2 = z^2$

Remarquons qu'un tel raisonnement, qui eût permis à Ibn al-Haytham de procéder à une *analyse parfaite*, lui était dans l'absolu d'autant plus accessible qu'il posait son problème dans un ensemble de nombres positifs et qu'il admettait donc implicitement que

$z - x > 0 \text{ et } z > 0.$

Au lieu donc de procéder ainsi, Ibn al-Haytham s'astreint, pour établir la validité de la construction qu'il a proposée, à démontrer de manière entièrement originale relativement à son analyse, que

$$\left(\frac{y^2 - (z-x)^2}{2(z-x)}\right)^2 + y^2$$

constitue bien un carré. On observera d'ailleurs que sa démonstration peut ici se fonder simplement sur l'*égalité* de deux termes prise comme *relation d'équivalence*. Elle exploite en effet la possibilité que nous avions signalée au chapitre précédent[1].

Considérons d'abord l'égalité :

$$y^2 = (z-x)^2 + 2(z-x) \times \frac{y^2 - (z-x)^2}{2(z-x)}$$

Nous aurons les trois termes successivement égaux :

1. *Cf.* ci-dessus, p. 23-24.

① $\left(\frac{y^2-(z-x)^2}{2(z-x)}\right)^2 + y^2 =$

② $\left(\frac{y^2-(z-x)^2}{2(z-x)}\right)^2 + (z-x)^2 + 2(z-x) \times \frac{y^2-(z-x)^2}{2(z-x)} =$

③ $\left(z-x+\frac{y^2-(z-x)^2}{2(z-x)}\right)^2.$

Ainsi Ibn al-Haytham passe de la somme de deux carrés représentés à l'étape ① au carré représenté à l'étape ③, en démontrant qu'il lui est égal.

L'analyse est donc ici *imparfaite* en ce sens très précis que le point de départ du moment propre à l'analyse, à savoir :

$$x^2 + y^2 = z^2$$

ne se confond pas, ou du moins n'affiche pas son identité avec le point d'arrivée de la démonstration propre à la synthèse, c'est-à-dire :

$$\left(\frac{y^2-(z-x)^2}{2(z-x)}\right)^2 + y^2 = \left(z-x+\frac{y^2-(z-x)^2}{2(z-x)}\right)^2$$

Reconnaissons tout de même ici la minceur de la distinction entre les deux points d'aboutissement, puisque cette distinction ne tient qu'à leur présentation. Car enfin dans l'imperfection il peut y avoir tous les degrés et le degré d'imperfection de notre exemple est certainement l'un des moindres. Il peut arriver en particulier que l'étape proprement analytique, tout en préparant le cheminement de la synthèse, se limite à éclairer quelques traits fondamentaux dont il faudra tenir compte pour l'élaboration de cette dernière.

Une telle situation se trouve au problème < 19 > [1] du traité *Sur l'analyse et la synthèse* d'Ibn al-Haytham, où l'on demande de *diviser deux nombres connus*, non plus suivant *deux* (comme c'était le cas pour l'exemple <6>[2]) mais suivant *trois* rapports donnés. Soient donc les deux nombres *a* et *b* et les trois rapports $\frac{e}{g}$, $\frac{h}{i}$ et $\frac{k}{l}$ donnés, tels que :

$$\frac{k}{l} < \frac{h}{i} < \frac{e}{g}$$

$$x_1 + x_2 + x_3 = a$$

$$y_1 + y_2 + y_3 = b$$

$$\frac{x_1}{y_1} = \frac{e}{g},\ \frac{x_2}{y_2} = \frac{h}{i} \text{ et } \frac{x_3}{y_3} = \frac{k}{l}.$$

1. Édition Roshdi Rashed, p. 158-171.
2. *Cf.* ci-dessus, p. 36-38.

Il n'est évidemment pas question, pour Ibn al-Haytham, de procéder, comme ferait un moderne, en reconnaissant dans ces données du problème un système de cinq équations à six inconnues, dont il lui suffirait de fixer arbitrairement la valeur de l'une pour obtenir celle des cinq autres. Ce n'est pourtant pas qu'il ait en quoi que ce soit méconnu que le problème soit indéterminé, qu'il puisse être résolu de plusieurs manières ; il prend au contraire lui-même la peine de le souligner.

L'analyse le conduit à distinguer trois cas en tirant de chacun les premières conséquences :

1) ou bien $\frac{a}{b} = \frac{h}{i}$

alors $\frac{a}{b} = \frac{x_2}{y_2} = \frac{x_1 + x_3}{y_1 + y_3} = \frac{h}{i}$

2) ou bien $\frac{a}{b} > \frac{h}{i}$

dont il déduit que

$\frac{h}{i} < \frac{x_1 + x_3}{y_1 + y_3} < \frac{e}{g}$

3) ou bien $\frac{a}{b} < \frac{h}{i}$

dont il déduit que

$\frac{k}{l} < \frac{x_1 + x_3}{y_1 + y_3} < \frac{h}{i}$

Ceci ne suffit évidemment pas à suggérer quelque valeur possible que ce soit pour x_1, x_2, x_3, y_1, y_2 ou y_3. L'élaboration de telles valeurs sera laissée à la seule synthèse, dans la voie que l'analyse avait simplement esquissée.

La synthèse va donc reprendre chacun des trois cas distingués par l'analyse. Contentons-nous d'en reconstituer le cheminement pour le premier des cas, celui ou $\frac{a}{b} = \frac{h}{i}$. On choisit d'abord deux nombres m_2 et n_2, tels que :

$$m_2 < a,\ n_2 < b \text{ et } \frac{m_2}{n_2} = \frac{h}{i}.$$

On applique alors la méthode exposée à l'exemple <6> du même traité pour diviser les deux nombres $a - m_2$ et $b - n_2$ suivant les deux rapports

$$\frac{m_1}{n_1} = \frac{e}{g} \text{ et } \frac{a - m_2 - m_1}{b - n_2 - n_1} = \frac{k}{l}$$

m_1 et n_1 ayant été évidemment choisis respectivement inférieurs à $a - m_2$ et $b - n_2$.

Il est inutile de nous attarder aux deux autres cas, puisque l'examen du premier suffit à nous montrer comment la synthèse réussit à élaborer des valeurs numériques répondant pleinement aux exigences du problème, dans une voie que l'analyse avait seulement ouverte sans nous révéler comment on pouvait accéder à la solution.

* * *

Dans notre premier chapitre nous avons caractérisé la démarche analytique par deux traits fondamentaux, dont l'un était la présence, manifeste ou latente, à la base du raisonnement, d'une relation d'équivalence; présence, ajoutions-nous, « dans presque tous les cas »[1]. Déjà dans notre précédent travail sur *Le Raisonnement par l'absurde*[2], nous avions été amené à comparer ce type de raisonnement à celui de l'*analyse*, que nous avions assez globalement caractérisé par l'utilisation d'équivalences, permettant ainsi sa réversibilité. Gilles-Gaston Granger s'était demandé[3] si une telle définition de l'analyse n'était pas « trop restrictive », en particulier s'il ne fallait pas caractériser celle-ci, plus généralement, comme remontée à des conditions suffisantes, qui, en revanche, pouvaient très bien n'être pas pour autant nécessaires. Il faisait à ce sujet observer que le début du livre VII de *La Collection mathématique* de Pappus, auquel nous nous sommes nous-même référé[4], semble bien ne faire état que d'un cheminement à reculons en direction d'antécédents ou de prémisses. Il est tout à fait exact que telle est bien la lettre même du propos de Pappus, et qu'au surplus, en droit, une remontée à des conditions simplement suffisantes remplirait déjà *pleinement* l'office de préparer le retournement de la synthèse, de conditions en conditions, cette fois nécessaires. Tel est bien ce que Pappus a voulu dire et qu'il a eu raison de dire.

Au demeurant, Roshdi Rashed a signalé une version arabe de l'*Ars medica* de Galien, où celui-ci caractérise, tout aussi clairement, l'analyse comme recherche de conditions suffisantes[5] :

1. *Cf.* p. 20.
2. p. 85-117.
3. « Analyse, synthèse et raisonnement par l'absurde » in *L'Age de la science, Lectures philosophiques, 5, Philosophie de la logique et philosophie du langage, II (langues et calculs)*, sous la direction de Gilles-Gaston Granger, p. 215-216.
4. Ci-dessus, p. 13 et s.
5. Ibn al-Haytham, *Sur les connus*, édition et traduction française par Roshdi Rashed, *Mélanges*, 21 Mideo, Institut dominicain d'études orientales du Caire, Louvain, Paris, Editions Peeters, 1993, p. 272. Roshdi Rashed, qui donne ce texte et

> En ta pensée, tu fixes la chose, dans sa perfection extrême, que tu vises et que tu cherches à connaître, puis [...] tu examines <la condition> la plus proche – sans laquelle la chose ne peut être ni fixée ni achevée –, puis celle qui la précède, jusqu'à ce que tu aboutisses à la première.

Une telle remontée analytique à des conditions simplement suffisantes, à la réflexion, ne présente jamais que deux inconvénients :

1) son inconvénient théorique est d'aboutir à des conclusions sensiblement plus faibles que celles qu'autorise une remontée par voie de conditions nécessaires et suffisantes, puisqu'elle prouve, non l'équivalence logique de deux propositions, l'une à l'autre, dans un contexte donné de théorèmes déjà établis, mais seulement la possibilité de déduire la proposition initiale de la proposition terminale ; reconnaissons néanmoins que ce que nous qualifions ici d'*inconvénient théorique* n'invalide en rien la valeur de la méthode elle-même ;

2) son inconvénient pratique est d'être par elle-même fort malaisée, puisque celui qui y procède ne peut jamais se reposer sur la vérité garantie de chacun de ses pas, comme pouvait toujours le faire celui qui suivait la démarche inverse ; la remontée aux conditions simplement suffisantes livre son auteur, ainsi dépourvu du moindre relais de certitude, à un certain vertige de la gratuité, auquel il semble qu'il soit difficile de longtemps résister.

Il serait certes présomptueux de prétendre que les textes mathématiques grecs ne fournissent aucun exemple d'une telle remontée analytique (en elle-même tout à fait légitime et possible) à des conditions simplement suffisantes, pour la seule raison que nous n'en ayons pas rencontré, ou du moins remarqué. En tout état de cause, il serait assez invraisemblable qu'aucun mathématicien grec n'eût jamais eu l'idée de quelque remontée de cet ordre. Ce qui est assez vraisemblable en revanche est que si, quelque jour, un Grec a eu l'idée d'une telle remontée, il n'ait guère eu l'envie de nous en faire part ; non qu'il ait voulu s'en réserver le secret, mais pour cette raison que ce qu'il se sentait tenu de nous révéler était le cheminement inverse, celui de la synthèse ; cheminement essentiel, dont il importait peu d'exposer les circonstances accidentelles de sa découverte. Aussi nous semble-t-il que ce que nous pourrions appeler l'éthique fondamentale de la mathématique grecque,

sa traduction en appendice du traité d'Ibn al-Haytham, précise que ce passage est absent du texte grec de l'édition Kühn des *Opera omnia* de Galien. Il souligne en outre que « <la condition> » a été ajouté par lui pour la traduction.

sans pour autant décourager *a priori* de telles remontées à des conditions simplement suffisantes, les condamnait à ne pas être publiées, sinon sous la forme inversée de la synthèse, qui les rendait évidemment méconnaissables en tant que telles.

Nous disposons, avec la proposition <4> du traité d'Ibn al-Haytham *Sur l'analyse et la synthèse*[1], d'un bon exemple des difficultés qu'un mathématicien, plus soucieux que n'étaient les Grecs de nous indiquer le chemin suivant lequel on pouvait découvrir une solution ou une démonstration, pouvait rencontrer dans la voie d'une remontée vers des conditions simplement suffisantes. Il s'agissait de démontrer que

> si on a des nombres successifs proportionnels et qu'on sépare de chacun du second et du dernier, l'égal du premier, alors le rapport de ce qui reste du second au premier est égal au rapport de ce qui reste du dernier à la somme de tous les nombres qui le précèdent.

ce que nous pourrions formaliser comme suit:

$$\frac{a}{b}=\frac{b}{c}=\frac{c}{d} \quad \Rightarrow \quad \frac{b-a}{a}=\frac{d-a}{a+b+c}.$$

La synthèse vers laquelle Ibn al-Haytham s'achemine sera à peu près la suivante:

① $\frac{a}{b}=\frac{b}{c}=\frac{c}{d}$

② $\frac{b}{a}=\frac{c}{b}=\frac{d}{c}$

③ $\frac{b-a}{a}=\frac{c-b}{b}=\frac{d-c}{c}$

④ $\frac{b-a}{a}=\frac{b-a+c-b+d-c}{a+b+c}$

⑤ $\frac{b-a}{a}=\frac{d-a}{a+b+c}$

Or Ibn al-Haytham, sans qu'il soit question de mettre, d'entrée de jeu, sur pied une telle synthèse, rappelle que

> la manière de procéder par l'analyse pour résoudre ce problème est de supposer l'énoncé parfaitement achevé et d'examiner les propriétés des nombres sur lesquels porte cet énoncé, puis d'examiner ce qui est nécessaire à ces propriétés et ce qui est nécessaire à ce qui est nécessaire jusqu'à ce que l'on aboutisse à une propriété donnée.

1. Édition Roshdi Rashed, p. 78-87.

Mais, si l'on observe les cinq étapes précédemment représentées, on remarquera que les trois premières sont bien conditions nécessaires et suffisantes les unes des autres et que les deux dernières le sont aussi l'une de l'autre. En revanche, ③ est condition simplement suffisante de ④, ou, si l'on préfère, ④ est condition simplement nécessaire de ③, c'est-à-dire que, n'en déplaise à Ibn al-Haytham, la remontée de condition nécessaire en condition nécessaire se trouve interrompue entre ④ et ③ et que la seule analyse complète qu'on puisse employer serait donc cette remontée des conditions suffisantes dont nous venons d'évoquer et l'entière possibilité théorique et les difficultés pratiques.

Que va donc faire, dans une telle situation, Ibn al-Haytham ? Ce qu'il considère comme *analyse* consistera tout simplement à remonter l'équivalence de ④ à ⑤, en établissant que

$$d - a = b - a + c - b + d - c.$$

Ce faisant, Ibn al-Haytham a bien conscience que l'important est que la condition nécessaire et suffisante qu'il exploite soit d'abord suffisante, bien qu'il eût plus de mal à l'atteindre si elle n'avait été nécessaire. Adaptons son propos explicite à notre notation :

> Si les restes, écrit-il, qui sont $b - a$, $c - b$ et $d - c$, ont une somme égale au reste qui est $d - a$, dans ce cas l'énoncé [1] est vrai.

Mais il est révélateur qu'Ibn al-Haytham ne remonte pas analytiquement au delà de l'étape ④. Parvenu à ce point, il passe à la synthèse et démontre, le plus classiquement, que ① permet d'inférer ④ à travers ② et ③.

Nous retrouvons ainsi un exemple de ce que nous avions qualifié d'analyse *imparfaite*. Nous ne l'avons placé ici que pour souligner combien une situation qui se fût prêtée à une remontée à des conditions simplement suffisantes, ne décidait pourtant pas l'auteur en question à s'engager dans cette voie.

On dispose néanmoins d'un exemple historique assez net d'analyse procédant par remontée d'une chaîne simplement suffisante de conditions, avec la manière dont il semble que fut atteinte, au XVIe siècle, la *formule de Cardan* pour la solution, dans l'ensemble des réels, de l'équation du troisième degré. Rappelons en effet comment on peut passer de l'équation du troisième degré à certaines de ses racines réelles, sans nous attarder aux différents cas particuliers à partir desquels les algébristes italiens du XVIe siècle ont dû procéder et en raisonnant d'emblée sur la forme générale dont partiront les successeurs de Descartes.

1. A savoir l'énoncé correspondant à l'étape ⑤.

C'est bien d'abord par voie d'équivalence qu'on passe de cette forme générale :

$$ax^3 + bx^2 + cx + d = 0$$

à la forme dite *réduite* :

$$X^3 + pX + q = 0$$

puisqu'enfin la forme générale se laisse toujours diviser, et la forme réduite multiplier, par un a quelconque différent de zéro, que, dans l'ensemble des réels, quel que soit x, il existe un X, et, quel que soit X, il existe un x, tels que

$$X = x - \frac{b}{3a},$$

et qu'enfin les p et q de la forme réduite s'expriment en fonction de a, b, c et d. C'est encore par voie d'équivalences qu'on passe de la forme réduite à la forme

$$u^3 + v^3 + (3uv + p)(u + v) + q = 0,$$

puisque, quel que soit X, il existe un u et un v, ou, dans l'autre sens, quels que soient u et v, il existe un X, tels que

$$X = u + v.$$

C'est à ce moment-là qu'en posant la conjonction des deux équations

$$3uv + p = 0 \text{ et } u^3 + v^3 = -q$$

on obtient une condition certes suffisante, mais qui n'est en rien nécessaire, de la vérité de l'équation dont on la tire. La chaîne des équivalences est ainsi brisée et ce n'est qu'à partir de cette conjonction qu'une nouvelle chaîne, désormais ininterrompue, aboutira à la *formule de Cardan*.

Ainsi cette formule implique la forme générale de l'équation du troisième degré, sans être impliquée par elle. L'analyse a bien été ici cette remontée à des conditions simplement suffisantes, dont nous avons évoqué à la fois l'essentielle possibilité et l'extrême difficulté. Cette difficulté, en l'occurrence, n'a pas réussi à décourager les algébristes italiens, d'autant plus férus de la passion des tortuosités qu'ils pouvaient y faire preuve de leur virtuosité dans ce qui, suivant la pure tradition grecque, n'eût jamais été qu'une démonstration à l'envers. On comprend facilement pourquoi cette forme d'analyse, si légitime qu'elle fût, ne pouvait être au moins qu'assez rare, pour ne pas dire *exceptionnelle* ; indépendamment du fait qu'elle ne pouvait exercer, dans l'édifice des mathématiques, qu'une fonction provisoire, dans l'attente d'un inventaire systématique de tous les cas possibles, que le recours à la trigonométrie, dont Viète s'était déjà avisé, permettrait beaucoup plus tard à Clairaut de proposer dans ses *Eléments d'algèbre*[1].

Il semble que d'une façon générale le mathématicien puisse se trouver dans des situations qui l'induisent assez naturellement à procéder suivant une telle *analyse simplement suffisante*. Prenons l'exemple du problème de l'*interpolation*, où il s'agit de trouver un polynôme qui, pour des valeurs données de la variable indépendante, prenne lui-même respectivement autant de valeurs données. Sous la forme, tout à fait élémentaire, sous laquelle nous venons de l'évoquer, « ce problème, fait observer Lagrange[2], est, à la vérité, indéterminé ; car on peut, à la rigueur, faire passer par des points donnés une infinité de courbes différentes, régulières ou irrégulières, c'est-à-dire soumises à des équations, ou tracées arbitrairement à la main », même si l'on se propose dans un second temps de montrer que les solutions trouvées ne sont pas « quelconques, mais les plus simples et les plus aisées à employer ». Ceci reste encore vrai quand on limite son propos, comme le fait ici Lagrange, à la recherche de courbes *paraboliques*, c'est-à-dire correspondant à « une fonction entière et rationnelle de l'abscisse, telle que,

$y = a + bx + cx^2 + dx^3 + \ldots$ ».

> Soient, explique donc Lagrange, P, Q, R, S,... les valeurs des ordonnées y qui répondent aux valeurs p, q, r, s,... des abscisses x
>
> ....
>
> Puisque y doit devenir P, Q, R,... lorsque x devient p, q, r,..., il est aisé de voir que *l'expression de y sera de cette forme*
>
> $y = \mathrm{AP} + \mathrm{BQ} + \mathrm{CR} + \mathrm{DS} + \ldots$
>
> où les quantités A, B, C,... doivent être exprimées en x, de manière qu'en faisant $x = p$ on ait
>
> $\mathrm{A} = 1, \mathrm{B} = 0, \mathrm{C} = 0\ldots$;
>
> que de même, en faisant $x = q$, on ait
>
> $\mathrm{A} = 0, \mathrm{B} = 1, \mathrm{C} = 0, \mathrm{D} = 0, \ldots$;
>
> qu'en faisant $x = r$, on ait pareillement
>
> $\mathrm{A} = 0, \mathrm{B} = 0, \mathrm{C} = 1, \mathrm{D} = 0, \ldots$, etc. ;

1. *Cf.* Pierre Boutroux, *Les Principes de l'analyse mathématique*, Paris, A. Hermann, tome premier, 1914, p. 339.

2. *Leçons élémentaires sur les mathématiques données à l'Ecole normale en 1795, Leçon cinquième : sur l'usage des courbes dans la solution des problèmes*, in *Œuvres de Lagrange*, publiées par les soins de M. J.-A. Serret, Paris, Gauthier-Villars, 1877, p. 283 et s.

d'où il est facile de conclure que *les valeurs de A, B, C,... doivent être de cette forme*

$$A = \frac{(x-q)(x-r)(x-s)\ldots}{(p-q)(p-r)(p-s)\ldots},$$

$$B = \frac{(x-p)(x-r)(x-s)\ldots}{(q-p)(q-r)(q-s)\ldots},$$

$$C = \frac{(x-p)(x-q)(x-s)\ldots}{(r-p)(r-q)(r-s)\ldots}$$

....,

en prenant autant de facteurs, dans les numérateurs et les dénominateurs qu'il y aura de points donnés dans la courbe, moins un.

Quand, aux deux passages que nous avons mis en italiques, Lagrange dit que « l'expression de y sera de cette forme » ou que « les valeurs de A, B, C,... doivent être de cette forme », il ne peut vouloir dire, malgré la lettre de sa formulation, qu'*il faille*, mais seulement qu'*il suffit, que l'expression de y* ou *que les valeurs de A, B, C,... soient de cette forme*. Le propos de Lagrange, que nous avons cité, sur le caractère indéterminé du problème, montre qu'il en était lui-même parfaitement conscient.

C'est d'ailleurs la structure même de son problème qui engageait ici Lagrange à procéder, quelque difficulté que comportât ce type de raisonnement, à une *analyse simplement suffisante*, aussi longtemps du moins qu'il ne montrait pas que la fonction obtenue par sa méthode correspondait nécessairement à la courbe parabolique la plus simple. Bien sûr, aurait-il théoriquement pu aussi renverser l'ordre de son raisonnement pour en faire une déduction classique dont l'aboutissement devenait un *théorème*, suivant lequel la fonction

$$y = AP + BQ + CR + DS + \ldots$$

où

$$A = \frac{(x-q)(x-r)(x-s)\ldots}{(p-q)(p-r)(p-s)\ldots}$$

$$B = \frac{(x-p)(x-r)(x-s)\ldots}{(q-p)(q-r)(q-s)\ldots}$$

etc.,

prend respectivement les valeurs P, Q, R, etc. pour les valeurs p, q, r, etc. de x ; déduction immédiate qui tient à ce que

– si x = p, alors A = 1, B = 0, C = 0, etc. donc y = P
– si x = q, alors A = 0, B = 1, C = 0, etc. donc y = Q
– si x = r, alors A = 0, B = 0, C = 1, etc. donc y = R.

De même que, de la *formule de Cardan*, on pouvait déduire la forme générale de l'équation du troisième degré, Lagrange aurait pu tout aussi bien ici, inversant sa démarche, suivre la voie des conditions nécessaires et substituer la démonstration d'un théorème à la solution d'un problème. Mais, dans l'un et l'autre cas, si l'on préfère s'en tenir à la forme du problème, quelques difficultés que comporte toute remontée à des conditions simplement suffisantes, c'est pour cette raison *pragmatique* que cette forme de problème est bien celle sous laquelle le mathématicien (et surtout le physicien dans le cas de l'interpolation) rencontre d'abord la difficulté qu'il se propose de résoudre. On éprouverait donc comme un peu artificiel de remplacer ce problème par un théorème dont la démonstration est peut-être plus immédiate que n'est l'invention de la solution, mais dont l'utilité, quelque équivalente qu'elle soit en elle-même, ne s'impose pas néanmoins aussi évidemment.

CHAPITRE III

LES RAISONS DU RECOURS À LA DÉMARCHE ANALYTIQUE

Il est à ce niveau à la fois trop tôt et trop tard pour s'interroger sur les raisons qui expliquent le recours à l'analyse; trop tôt, parce que les différentes formes d'analyse que nous avons jusqu'ici considérées n'appartiennent jamais qu'à ce que nous avons limitativement qualifié de *démarche analytique*, même si une telle démarche, présente dans la géométrie grecque, lui a largement survécu, et parce que nous aurons encore par la suite à en considérer d'autres types; trop tard, parce que c'est dès le début qu'il aurait fallu éclairer les finalités de l'analyse pour comprendre le *pourquoi* de sa diversité. La place des présentes considérations au chapitre III de notre étude ne correspond donc jamais qu'à une cote mal taillée devant l'impossibilité de les situer à la fois en première *et* en dernière positions, les seules qui leur eussent essentiellement convenu.

Il y a d'abord, à l'analyse, des raisons que le moderne ne comprend que trop facilement. Le familier de la classique théorie des équations perçoit, par exemple, immédiatement les justifications naturelles du recours à l'analyse devant la nécessité de les résoudre. Une équation ou un système d'équations, de quelque degré que ce soit, exprime, sous une forme à laquelle le mathématicien habituellement cherche à conférer la généralité maximale, un ensemble de conditions données, en face desquelles le problème qui se pose, pourrait-on dire, *naturellement* est de trouver une ou plusieurs valeurs, éventuellement toutes les valeurs, des inconnues qui y satisfassent. Ce qu'il affronte est donc un problème, qu'il ne peut aborder convenablement qu'en remontant de l'ensemble des conditions énoncées, c'est-à-dire essentiellement par l'analyse.

Même si l'exemple sur lequel nous venons de raisonner semble relativement moderne, il devrait suffire à faire comprendre qu'il serait naïf de considérer le surgissement de l'analyse comme un phénomène assez tardif dans une mathématique déjà constituée. En un sens l'analyse est plus naturelle à l'homme que la synthèse, pour la raison même qui explique que le genre littéraire du *théorème* soit manifestement apparu plus tard que le genre du *problème*, sous lequel se présentaient, répétons-le, quasi *naturellement*, les difficultés calculatoires que l'homme pouvait avoir à affronter.

Sans doute le seul sujet que nous ayons ici quelque compétence à traiter est-il celui du recours à l'analyse à l'intérieur de la tradition d'origine grecque, à savoir de cette tradition précisément dont l'exception fondamentale est d'avoir revendiqué la primauté de la synthèse. Mais notre projet même de n'avoir voulu traiter en quelque sorte que de *l'analyse dans la synthèse* ne doit pas nous inspirer l'illusion d'une subordination générale de la première à la seconde, alors qu'il est au moins d'une extrême vraisemblance qu'il y ait eu d'abord, dans l'histoire des mathématiques, des formes plus ou moins élémentaires d'analyse, bien avant que l'idée grecque d'une présentation synthétique de la discipline se soit manifestée, à plus forte raison bien avant que les Grecs aient pu songer à subordonner une certaine pratique de l'analyse à une telle présentation synthétique.

Il n'y a donc rien d'étonnant à ce que des mathématiques, comme la babylonienne ou la chinoise, offrent déjà des éléments de théorie des équations et par le fait même des éléments d'analyse. La solution du problème constitue ainsi un naturel appel à l'analyse, alors qu'il n'y a pas d'invitation naturelle à la synthèse avant l'étrange projet grec de s'engager dans cette entreprise.

Revenons à notre précédent exemple de l'équation du troisième degré, dont ce que nous venons de dire montre que, si relativement moderne qu'il soit, il ne se trouve pas, dans le présent contexte, totalement déplacé. Bien qu'il soit sensiblement plus facile de déduire de la *formule de Cardan* la forme générale de l'équation du troisième degré, le maître qui enseigne la théorie des équations préfère encore substituer à une telle déduction, la remontée, si ardue soit-elle, jusqu'aux racines que donne la *formule*, parce qu'il répugnera à remplacer la manière dont le problème *de lui-même* apparemment *se pose*, par le théorème équivalent qui dirait que la vérité de cette un peu étrange *formule* implique la vérité de ce qu'énonce la forme générale de l'équation. La situation serait voisine pour l'équation du deuxième degré où il serait pourtant beaucoup plus facile de déduire de

$$x = \frac{-b \pm \sqrt{b^2 - 4ac}}{2a}$$

la forme générale

$$ax^2 + bx + c = 0$$

que de remonter de la seconde à la première; pour la bonne raison qu'on passe de la première à la seconde par une chaîne de simplifications successives (élimination des fractions, des radicaux, des multiplicateurs communs), qui d'elles-mêmes toutes s'imposent au calculateur le moins doué, alors que les constructions correspondantes auxquelles il faut procéder pour remonter de la seconde à la première, ne retrouvent quelque évidence naturelle qu'une fois le parcours achevé, quand leur succession aura permis d'isoler l'inconnue de la totalité des paramètres. A plus forte raison comprend-on pourquoi le maître ne se contente pas de la très facile démonstration que les *n* solutions du système de *n* équations du premier degré à *n* inconnues qu'il soumet à ses élèves satisfont bien à la vérité de chacune de ces *n* équations, et pourquoi il s'astreint, beaucoup plus difficilement, à remonter analytiquement, par un jeu de constructions algébriques, dont la démarche inverse n'aurait que faire, du système d'équations en question jusqu'à ses racines. Car enfin ce qui *se pose* ici au mathématicien, c'est le problème de trouver les solutions à partir de ce qu'on n'appelle pas pour rien ses *données*.

Ainsi nous venons d'énoncer à la question «Pourquoi l'analyse?» une réponse en elle-même parfaitement valable, mais qui ne saurait nous satisfaire dans le contexte où nous nous sommes placé. Il ne s'agit évidemment pas pour nous simplement de rappeler la naturalité de cette forme d'analyse que nous venons de qualifier de *naturelle*, et que les Grecs dans cette mesure pouvaient d'autant moins inventer. Notre tâche est ici bien plutôt de montrer comment, une fois instaurée la primauté de la synthèse et sans mettre en question celle-ci, l'analyse pouvait encore trouver une place, s'inscrire dans le projet d'ensemble de la mathématique grecque, se mettre elle-même au service de cette synthèse qui procédait pourtant d'un tout autre projet. Quelle place pouvait-on encore assigner à l'analyse dans ce grand projet de la synthèse?

* * *

Un des premiers exemples d'analyse caractérisée à l'intérieur de la tradition grecque est sans doute celui dont se faisait l'écho la lettre qu'Eutocius d'Ascalon nous a transmise dans son commentaire du livre II du traité *De la sphère et du cylindre* d'Archimède, en prétendant qu'elle avait été adressée par Eratosthène au roi Ptolémée. Son auteur y rapporte qu'au Ve siècle av. J.-C.

> Hippocrate de Chios s'avisa le premier que, si l'on trouvait le moyen d'obtenir, entre deux droites dont la plus grande est double de la plus petite, deux moyennes proportionnelles en proportion continue, on aurait la duplication du cube;

de cette manière il aurait réduit analytiquement ce problème dit *délien* (parce qu'il répondait à l'exigence, exprimée par l'oracle de Délos, de doubler le volume de l'autel d'Apollon) à celui de la construction de deux telles moyennes proportionnelles entre l'arête du cube et un segment double, retournant ainsi, ajoute malicieusement le prétendu Eratosthène, la difficulté en une autre difficulté non moindre.

Nous laisserons entièrement de côté la question historique de savoir comment Hippocrate de Chios dut en son temps procéder à une telle analyse. Peu importe ici qu'il soit fort possible qu'il ait déjà remarqué, dans la ligne des Pythagoriciens, que, *a* et *b* étant des *nombres entiers* quelconques

$$\frac{a^3}{a^2b} = \frac{a^2b}{ab^2} = \frac{ab^2}{b^3}$$

autrement dit, qu'entre deux nombres cubes il existe deux nombres moyens en proportion continue, alors qu'entre deux nombres carrés il n'en existe qu'un, ce que nous rappellera un peu plus tard l'auteur du *Timée*[1] et qui sera l'objet des propositions 11 et 12 du livre VIII des *Eléments*; il ne nous importe pas davantage qu'il soit en revanche peu vraisemblable qu'Hippocrate ait déjà été en possession de quelque équivalent de la proposition 33 du livre XI des *Eléments*:

> Les parallélépipèdes semblables sont, les uns aux autres, en raison triple de leurs côtés homologues.

Contentons-nous de faire observer que, si nous désignons par x le côté cherché du cube de volume double du cube de côté donné a, la reconnaissance de l'existence de ce côté x se notera:

$$\exists x \left(x^3 = 2a^3\right)$$

1. 31, c5-32, b3.

tandis que la reconnaissance de l'existence de deux moyennes proportionnelles, en proportion continue, entre *a* et *2a* pourra se noter

$$\exists xy \left(\frac{a}{x} = \frac{x}{y} \quad \& \quad \frac{x}{y} = \frac{y}{2a} \right).$$

Nous savons que la première de ces deux expressions est vraie si et seulement si la seconde l'est aussi; ce qu'il semble bien qu'Hippocrate de Chios ait su au moins conjecturer.

Mais les termes mêmes de la supposée lettre d'Eratosthène suggèrent que le mouvement analytique qui retint l'attention d'Hippocrate partait de la seconde de ces deux propositions en direction de la première, comme ce peut être le cas pour la plupart de nos contemporains. Car enfin, la manière dont nous avons noté l'une et l'autre proposition montre qu'on passe de la seconde à la première par une simplification qui induit à faire l'économie du terme *y*, tandis qu'inversement le passage de la première à la seconde oblige à une construction, à savoir à l'introduction de ce terme *y*, dont la formulation de la première proposition, à elle seule, ne signale pas l'existence.

En fait nous sommes en présence du peut-être premier exemple historiquement connu de ce qu'on appellera à l'époque moderne *introduction d'une inconnue auxiliaire*[1]. Déjà on substitue ici, à l'équivalent d'une équation du troisième degré à *une* inconnue, un couple de proportions chacune elle-même équivalente à une équation du second degré à *deux* inconnues, comme la nouvelle écriture algébrique permettra au XVIIe siècle de le faire avec plus d'aisance encore. Mais, si l'apprentissage des techniques algébriques ouvrira plus tard au mathématicien l'art de remonter le courant, il est aisé de se rendre compte que, si équivalentes que soient l'une à l'autre ces deux propositions, le passage de la seconde à la première était *pragmatiquement* beaucoup plus accessible pour Hippocrate de Chios que celui de la première à la seconde. Une simplification s'impose en effet à l'attention plus aisément qu'une construction, dont la nécessité n'éclate généralement qu'après coup.

Si l'on se fie toujours au témoignage d'Eutocius d'Ascalon dans son commentaire au livre II du traité *De la sphère et du cylindre*, un siècle environ après qu'Hippocrate eut ainsi réduit la duplication du cube à une construction de deux moyennes proportionnelles en proportion continue, Ménechme aurait à son tour réduit analytiquement la

1. S'il est le premier, il n'est en tout cas pas le dernier exemple de supposition implicite d'une inconnue auxiliaire dans la tradition grecque. Nous aurons à y revenir.

construction de deux telles moyennes proportionnelles à un problème d'intersection de deux de ces sections coniques dont lui-même passe pour être l'inventeur. Le vocabulaire du texte retransmis par Eutocius oblige sans doute à reconnaître que celui-ci a été modernisé ; mais cette modernisation ne dissimule en rien la géniale simplicité de l'idée qui semble bien avoir été celle de Ménechme.

Si l'on suppose en effet le problème résolu, c'est-à-dire si l'on s'accorde les moyennes proportionnelles cherchées x et y entre deux segments donnés a et b, on obtient la conjonction suivante de trois proportions :

$$\frac{a}{x} = \frac{x}{y} \quad \& \quad \frac{x}{y} = \frac{y}{b} \quad \& \quad \frac{a}{x} = \frac{y}{b}$$

dont la troisième découle des deux premières en vertu de la proposition V-11 des *Eléments*, qui dit que

> les raisons qui sont les mêmes qu'une même raison sont aussi les mêmes l'une que l'autre.

En vocabulaire moderne, nous dirions que ces trois proportions correspondent aux trois fonctions

$$ay = x^2 \quad \& \quad y^2 = bx \quad \& \quad xy = ab$$

où nos contemporains peuvent reconnaître, comme déjà Ménechme se montra capable de les reconnaître dans les proportions correspondantes, les propriétés respectives

1) d'une parabole autour de ce que nous appellerions aujourd'hui l'*axe des x*,
2) d'une autre parabole autour de l'*axe des y*,
3) d'une hyperbole enfin.

L'intersection de deux quelconques de ces trois sections coniques suffisait à déterminer le point à partir duquel l'élévation des perpendiculaires sur les deux axes donnerait le segment x et le segment y. Il y avait ainsi, en soi, trois manières de construire les deux moyennes proportionnelles à partir des sections coniques. Le texte retransmis par Eutocius n'en donne que deux, celle qu'on obtient par intersection des deux paraboles, celle qu'on obtient par intersection de l'une des paraboles avec l'hyperbole, sans éprouver le besoin de faire état de la possibilité de mobiliser encore à cet effet l'intersection avec celle-ci de l'autre parabole. Mais l'important est surtout que Ménechme, si l'on en croit du moins le témoignage d'Eutocius, ait soigneusement distingué dans sa procédure les deux moments, celui de l'analyse s'ouvrant par

Γεγονέτω
Qu'il en soit ainsi,

ce que Charles Mugler traduit[1] :

Supposons le problème résolu

et celui de la synthèse commençant par :

Συντεθήσεται δὴ οὕτως
La synthèse procédera donc comme suit.

Comme il y avait équivalence entre la duplication du cube et la construction de deux moyennes proportionnelles, il y a ici encore équivalence entre la construction de deux moyennes proportionnelles et la détermination d'une intersection de sections coniques. L'analyse n'a, dans ce second cas, de sens que parce qu'on y suppose que tant le lecteur que l'auteur connaissent les propriétés des sections coniques auxquelles on réduit le problème donné. Le texte transmis par Eutocius laisse entendre, non pas tellement que Ménechme ait effectivement procédé de cette manière au moment de son invention (ce qui est au plus probable, mais, en tout état de cause, sans grande importance), mais qu'il a (peut-être même après coup) considéré que tel était le mouvement *naturel* de l'invention de la solution, pour qui connaissait les propriétés fondamentales des sections coniques. Bien évidemment cette remontée analytique une fois opérée, la suite s'empresse d'indiquer la synthèse, c'est-à-dire la construction des deux sections coniques, immédiatement suivie de la démonstration, elle-même synthétique, que leur intersection déterminait bien les deux segments valeurs de x et de y.

Nous avions vu, dans l'exemple précédent de la réduction de la duplication du cube à la construction de deux moyennes, que le mouvement de la première en direction de la seconde semblait beaucoup plus difficile que le cheminement inverse, en ce qu'il exigeait une véritable construction alors que l'inverse ne procédait que par simplification. D'où une certaine incitation naturelle à passer de la seconde à la première avant de s'aviser d'un renversement possible. Dans l'exemple de Ménechme, au contraire, la simplicité ne tient pas à quelque possibilité de suggérer d'abord la construction complexe, en l'occurrence le tracé des deux sections coniques, sur laquelle on nous ferait isoler ensuite les proportions entre certains segments de droites ;

1. Archimède, tome IV, *Commentaire d'Eutocius et fragments*, Paris, Les Belles Lettres, 1972, p. 59.

elle est de révéler immédiatement, à celui du moins qui connaît les propriétés fondamentales des sections coniques, que celles-ci lui donnent, sans avoir à chercher plus loin, toute la solution du problème.

* * *

Ainsi les considérations précédentes montrent déjà qu'un enchaînement d'équivalences, ou que certaines équivalences constitutives d'un même enchaînement, ne se laissent pas parcourir aussi facilement dans un sens que dans l'autre, quelle que soit la fondamentale réductibilité syntaxique de l'un à l'autre parcours.

On démontre aujourd'hui classiquement que la somme de la série $\sum \frac{1}{n(n+1)}$ admet pour limite le nombre 1, lorsque *n* augmente indéfiniment, par les transformations successives dont l'aboutissement rend cette conclusion évidente :

① $\sum \frac{1}{n(n+1)}$

② $\sum \left(\frac{1}{n} - \frac{1}{n+1}\right)$

③ $\left(1 - \frac{1}{2}\right) + \left(\frac{1}{2} - \frac{1}{3}\right) + \ldots + \left(\frac{1}{n} - \frac{1}{n+1}\right)$

④ $1 + \left(\frac{1}{2} - \frac{1}{2}\right) + \left(\frac{1}{3} - \frac{1}{3}\right) + \ldots + \left(\frac{1}{n} - \frac{1}{n}\right) - \frac{1}{n+1}$

⑤ $1 - \frac{1}{n+1}$

Or la perception de l'équivalence (ou plus précisément de l'*égalité*) entre les deux premiers termes s'impose beaucoup plus, quand on passe du second au premier, que lorsqu'on passe du premier au second, comme la démonstration nous invite pourtant à le faire. La raison en est évidemment que la procédure de réduction des deux fractions au même dénominateur, familière à nos habitudes de calcul, s'offre naturellement à nous pour passer du second au premier, sans que nous disposions d'une procédure inverse.

Il peut même arriver que le retournement d'une succession d'authentiques équivalences heurte à ce point l'intuitivité de notre raisonnement que le mathématicien se sente obligé d'imaginer un autre moyen d'en remonter le parcours. Ceci se trouve en particulier avec les successions d'équivalences par lesquelles nous passons d'une fonction à sa dérivée sans pouvoir toujours remonter ensuite de cette dérivée vers sa primitive. Pour en prendre un des cas les plus simples, si la procédure de dérivation permet facilement de passer par voie d'égalité, de la première à la troisième des expressions suivantes :

① $-\theta\cos\theta + \sin\theta + c$

② $\int(\theta\sin\theta - \cos\theta + \cos\theta)\, d\theta$

③ $\int\theta\sin\theta\ d\theta$

la remontée de la troisième à la première, que demande l'intégration, est si peu accessible par ce même chemin qu'on préconisera alors une *intégration par parties*, suivant une voie qui n'aura de commun avec la précédente que de constituer elle aussi entre les mêmes extrêmes une chaîne d'égalités :

③ $\int\theta\sin\theta\ d\theta$

② $-\theta\cos\theta + \int\cos\theta\ d\theta$

① $-\theta\cos\theta + \sin\theta + c$

Les Grecs avaient eux-mêmes déjà une expérience suffisante de ce fait qu'une chaîne d'équivalences, qu'on peut assez facilement reconnaître dans tel de ses deux sens, peut s'avérer beaucoup plus difficile, voire pratiquement impossible, non bien sûr à se laisser parcourir, le trajet une fois reconnu, mais à se manifester d'elle-même comme cheminement viable. La première des deux raisons qui déterminent le recours à l'analyse tient donc à ce souci d'adopter l'ordre d'inférence le plus aisé dans une situation où l'équivalence des diverses étapes rend possible de les parcourir dans l'un et l'autre sens. Mais l'ordre le plus aisé est généralement celui de la simplification, comme dans notre exemple précédent de dérivation, le passage de l'étape ② à l'étape ③ ; alors que l'ordre de la construction par lequel on aurait évidemment pu passer de l'étape ③ à l'étape ② se donnerait comme gratuit tant que le passage de ② à ① n'en aurait pas, un peu tard, révélé l'intérêt.

La seconde raison qui détermine le recours à l'analyse, et dont les Grecs avaient déjà beaucoup plus clairement conscience, tient à la possibilité qu'il ouvre de surmonter la cécité essentielle de la synthèse quant au résultat vers lequel elle s'achemine. Comme l'expliquait déjà Pappus, l'analyse remonte de l'inconnu qu'on se propose de construire ou de prouver jusqu'à lui faire rejoindre le connu. Elle répond donc d'abord au besoin de démontrer des conjectures, et d'élaborer les constructions qu'on suppose, mais auxquelles on ne sait pas encore procéder.

Ceci tendrait à prouver que les deux justifications en question sont, non seulement concurrentes, mais concourantes, et que la démarche qui, partant de la simple supposition de la construction ou du théorème, mène, par réduction, à des choses censées connues est assimilable, dans la plupart des cas, à un cheminement du complexe au simple. Il faut néanmoins assortir cette conclusion de quelques réserves; car une telle convergence, si majoritaire qu'elle soit, peut ne pas se retrouver dans certains cas, comme nous l'avons vu sur l'exemple du problème de la duplication du cube, où le sens de la réduction allait bien de cette duplication supposée vers l'établissement de deux moyennes proportionnelles, tandis que le sens de la simplification allait manifestement au contraire de celui-ci vers celle-là. Aussi n'est-il pas inutile de donner encore ici, pour illustrer le jeu de ces deux exigences, trois exemples choisis pour leur extrême simplicité, d'ordre géométrique ou arithmétique, que nous emprunterons respectivement à Apollonius, à Pappus et à Diophante.

Considérons la proposition 44 du livre II du traité des *Coniques* du premier de ces auteurs qui traite du problème suivant:

Etant donnée une section de cône, trouver un diamètre.

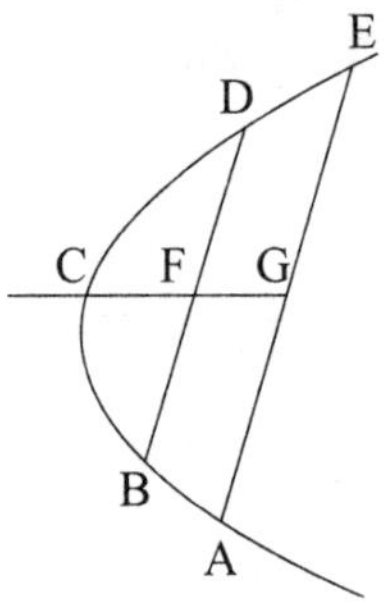

Apollonius se donne une section conique quelconque, qui pourra donc être aussi bien un cercle, une parabole, une ellipse ou une hyperbole, et il suppose que le problème ait été résolu, c'est-à-dire qu'on ait construit un diamètre CG; sur celui-ci on peut mener de manière ordonnée deux droites qui coupent la section et le diamètre respectivement en B, D et F pour la première, et en A, E et G pour la seconde.

Or ce que nous savons déjà des sections coniques à ce moment du livre II du traité nous permet d'admettre l'équivalence de la proposition:

CG est un diamètre et les droites BD et AE sont menées de manière ordonnée,

diamètre dont Apollonius a seulement supposé qu'il sache le construire, avec la proposition:

BD et AE sont des sections parallèles et DF = FB et EG = GA,

sections parallèles qu'il sait effectivement construire, et qu'il sait couper en deux segments égaux aux points F et G, lesquels suffisent à déterminer un diamètre CG de la section.

La différence des deux propositions ici en cause, au demeurant équivalentes l'une de l'autre, tient à ce que la seconde ne fait appel qu'à des constructions auxquelles on sache déjà procéder (tracer des parallèles et bissecter des segments), tandis qu'on ne sait pas construire le diamètre dont la première faisait état. Ici le sens de la démarche est donc clairement d'établir l'équivalence de la construction jusqu'ici inconnue dont on part à des constructions déjà familières auxquelles on aboutit.

Notre deuxième exemple, celui de la proposition 218 du livre VII de *La Collection mathématique* de Pappus, est déjà nettement plus complexe, bien qu'il ressortisse à une géométrie beaucoup plus élémentaire. Le problème qu'il pose peut s'exprimer ainsi :

> Etant données les demi-droites AB et AC, formant elles-mêmes en A un angle donné, mener d'un point de l'une à un point de l'autre un segment qui soit égal et parallèle au segment MN de longueur et de position données.

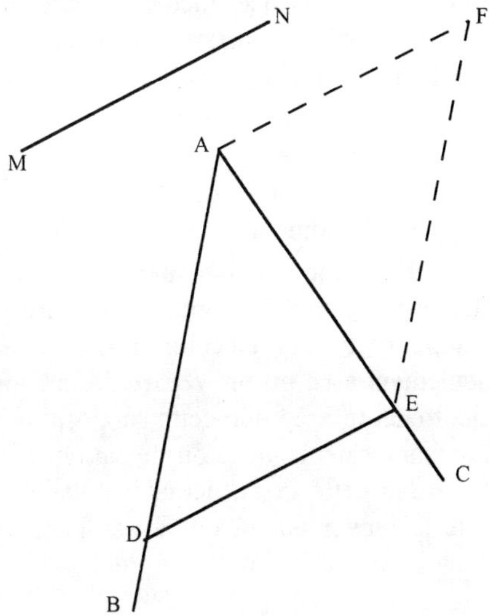

On suppose le problème résolu ; traçons en traits pleins sur notre figure, non seulement ce qui est *donné*, à savoir les demi-droites AB et AC, l'angle BAC et le segment MN, mais ce qui est *cherché*, à savoir le segment DE, égal et parallèle à MN. D'avoir ainsi tracé DE avant même que nous sachions le construire nous suggère, ce qui ne serait pas le cas si le *cherché* DE n'était pas déjà tracé sur notre figure, la possibilité de compléter le parallélogramme ADEF à partir du triangle ADE. Reprenons le schéma par lequel nous avons antérieurement caractérisé l'analyse[1] : D $\Rightarrow$ (z $\Rightarrow$ d). D, c'est-à-dire ce que nous sommes déjà censés savoir, enveloppe notamment cette proposition géométrique selon laquelle, dans tout parallélogramme ADEF, *DE sera parallèle et égal à AF* ; or, *z*, l'objet que nous cherchons, veut

1. *Cf.* ci-dessus, p. 28-29.

que *DE soit parallèle et égal à MN*; le message de *d* sera donc que *AF sera parallèle et égal à MN*. Au terme de cette analyse, la synthèse, que Pappus prend ici la peine de nous donner, sans se contenter de faire valoir implicitement que l'implication de *d* par *z* est réciproque, s'appuiera sur la possibilité de construire, à partir du sommet A, le segment AF égal et parallèle à MN, puis, à partir de son extrémité F, FE parallèle à AB, enfin, à partir de l'intersection E de FE et AC, le segment cherché DE, égal et parallèle à AF, et, par transitivité des relations d'égalité et de parallélisme, égal et parallèle à MN comme le problème le demandait.

La différence avec le problème d'Apollonius précédemment envisagé, tient à ce que la solution appelle ici l'auxiliaire de constructions, qui ne sont pas elles-mêmes ce que le problème demande, mais sans lesquelles on ne pourrait obtenir ce qu'il demande. Ce sont ces constructions que nous avons figurées en tirets, à savoir successivement :

1) de la demi-droite AF,
2) du point F,
3) de la demi-droite FE,
4) du point E,

qui permettront ensuite la seule construction pour elle-même demandée, celle du segment DE, tiré par le point E parallèlement au segment AF et égal à celui-ci. L'ordre adopté par l'analyse ne tient pas seulement à ce qu'on y part de la supposition du problème résolu ; il tient encore à ce que cette supposition tend à suggérer la construction auxiliaire sans laquelle on ne saurait placer le segment DE. Soulignons bien que cette construction auxiliaire procède d'un acte d'invention, que le renversement opéré par l'analyse ne constitue nullement à lui seul, mais qu'il peut, et ne peut jamais que, comme nous l'avons dit, *suggérer*.

Notre troisième exemple sera celui-là même, dont nous avions déjà fait précédemment état[1], lorsqu'il s'agissait de montrer que la *relation d'équivalence*, qu'on trouvait généralement à la base de l'analyse, pouvait aussi être tout simplement l'*égalité* entre deux termes d'arithmétique ou de géométrie. Rappelons que l'énoncé de ce théorème 1 du *Livre des nombres polygones* de Diophante pouvait se traduire sous la forme suivante :

$$8(n+2a)(n+a)+n^2=\left[(n+2a)+2(n+a)\right]^2.$$

1. Ci-dessus, p. 24. Soulignons ici que, pour les deux exemples précédemment considérés, p. 62 et 63, la *relation d'équivalence*, sur laquelle reposait l'analyse était aussi l'*égalité*.

Diophante figure les trois nombres, ici désignés par n, $n + a$ et $n + 2a$, respectivement par les trois segments portés sur la même droite BD, BC et BA, l'excédent AC du plus grand nombre sur le moyen étant égal à l'excédent CD du moyen sur le plus petit. Cette double désignation de ce que nous avons simplement désigné par a allonge évidemment la démonstration de Diophante, parce qu'elle l'oblige à expliciter des équivalences que notre notation, à elle seule, révèle suffisamment, comme celle de $CA \times CD$ avec CA^2 ou celle de $BD + 2CA$ avec AB.

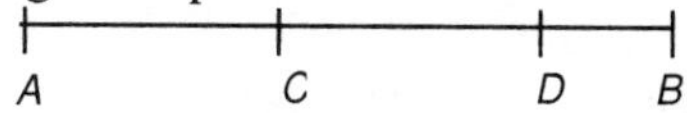

La démonstration de Diophante, une fois allégée de ces indications que notre notation rend superflues, présente pour nous cet intérêt qu'elle est proprement arithmétique, qu'il ne saurait y être question de *constructions*, au sens proprement géométrique que cette expression peut recevoir, et que cet exemple peut donc nous éclairer sur ce que devient l'analyse dans un contexte où il n'est, en toute rigueur, plus question que de nombres.

Diophante passe donc, du premier des deux termes de cette égalité au second, par une suite de transformations dont nous nous contenterons de figurer les six étapes successives, chacune égale tant à celle qui la précède qu'à celle qui la suit. Nous écrirons en caractères italiques la partie de chaque étape résultant d'une transformation relativement à ce qui en tenait lieu dans l'étape précédente :

① $8(n + 2a)(n + a) + n^2$

② $4(n + 2a)(n + a) + 4(n + 2a)(n + a) + n^2$

③ $4(n + 2a)(n + a) + 4(n + a)^2 + 4a(n + a) + n^2$

④ $4(n + 2a)(n + a) + 4(n + a)^2 + 4an + 4a^2 + n^2$

⑤ $4(n + 2a)(n + a) + 4(n + a)^2 + (n + 2a)^2$

⑥ $[2(n + a) + (n + 2a)]^2$.

Nous ne reviendrons pas sur ce qui différencie une telle suite de celles que nous avons antérieurement considérées, puisque nous avons déjà eu l'occasion d'attirer sur ce sujet l'attention : nous sommes en effet ici en présence, non d'une suite de propositions équivalentes les unes aux autres, mais d'une suite de termes égaux les uns aux autres ; à ces six termes égaux correspondent évidemment cinq égalités successives, elles-mêmes équivalentes les unes aux autres. Retenons seulement que la démonstration de cette proposition repose sur les seules transformations des *termes de l'égalité*, c'est-à-dire sur l'égalité de ces termes, égalité qui s'obtient, d'une étape à l'autre, par modification de la manière dont les éléments constitutifs de ces termes se trouvent désignés, et non pas seulement, comme c'était ailleurs le cas, par simple transformation des équivalences elles-mêmes, les termes reconnus égaux entre eux pouvant alors être de contenu différent d'une équivalence à l'autre.

Observons que, dans la démonstration de Diophante, telle que nous l'avons ici reconstituée, le passage de ① à ②, cette décomposition, en deux termes égaux, d'un terme initialement donné, ne comporte rien qui puisse laisser pressentir son intérêt pour la suite de la démonstration. Nous pourrions en dire au moins autant pour le passage de ② à ③ et la décomposition du terme dont il part en deux termes, cette fois inégaux. Le seul franchissement qui s'impose ici assez naturellement est celui qui va de ③ à ④, parce qu'il repose sur la simple effectuation d'une multiplication. Quant aux passages respectifs de ④ à ⑤ et de ⑤ à ⑥, chacun suppose qu'on ait l'idée de rapprocher certains des termes additionnés pour y reconnaître une expression dont on puisse tirer la racine carrée.

Manifestement la redescente de ⑥ vers ① est beaucoup plus aisée que ne l'était la montée de ① vers ⑥, parce que ce qui était construction dans la démarche initiale devient développement dans le sens inverse ; sauf le passage de ④ à ③, et surtout le passage de ③ à ②, qui appellent chaque fois une mise en facteurs, le reste ne procède, dans ce sens, que de multiplications ou additions, qui, de ce fait, s'imposent assez naturellement à l'attention.

Cet exemple proprement arithmétique ne manifeste pourtant guère à cet égard d'originalité particulière relativement à nos précédents exemples géométriques ; car enfin les passages de ① à ②, de ② à ③ et de ③ à ④ procèdent chaque fois par une opération équivalente à la division d'un rectangle soit en deux autres rectangles, soit en un rectangle et un carré ; quant aux passages de ④ à ⑤ et de ⑤ à ⑥, ils procèdent évidemment chacun par une opération équivalente à la construction d'un carré à partir de cinq autres carrés et de quatre rectangles.

L'intérêt de ce dernier exemple ne tient donc pas tant à sa nature arithmétique, mais au fait que nous sommes ici en droit de nous interroger, comme dans le cas de la duplication du cube, sur le sens dans lequel a pu s'exercer l'analyse. Bien sûr, si ce sens est le même que celui de l'énoncé dans lequel le théorème s'exprime, il faut considérer qu'elle procède alors naturellement de ① à ⑥. Mais la relative facilité de la démarche inverse confère quelque vraisemblance à la possibilité que Diophante ait construit sa démonstration en remontant à partir de l'expression qui constitue l'aboutissement de la version qui nous est parvenue jusqu'à ce qui en constitue le point de départ.

* * *

Les raisons qui justifient le recours à l'analyse, dans un contexte où pourtant la primauté de la synthèse est devenue fondamentale, ne peuvent pleinement se comprendre que si l'on envisage globalement, non seulement, comme nous l'avons fait jusqu'ici, tel ou tel problème ou théorème pris pour lui-même, mais bien un ensemble organique de problèmes et de théorèmes comme celui qui forme, sinon tout un traité, du moins ce qu'à l'intérieur d'un tel traité on désigne habituellement comme un livre.

A cet égard ce ne sont pas les exemples contenus dans un ouvrage comme celui d'Ibn al-Haytham *Sur l'analyse et la synthèse* qui peuvent nous satisfaire, puisqu'ils sont eux-mêmes prélevés parmi les problèmes ou théorèmes d'origine diverse. Ce ne sont pas non plus des ensembles comme le livre II de *De la sphère et du cylindre* d'Archimède, le livre II des *Coniques* d'Apollonius ou le livre VII de *La Collection mathématique* de Pappus, qui certes multiplient les recours explicites à l'analyse, mais où celle-ci ne constitue pas vraiment le fil ou les fils conducteurs de la construction du livre lui-même.

L'exemple privilégié dont nous avons besoin serait plutôt celui du dernier livre des *Eléments* d'Euclide, où il n'est pourtant nulle part, si l'on ne tient pas compte du passage interpolé entre les propositions 5 et 6 [1], explicitement question d'*analyse*, mais où celle-ci suit le réseau multiple de fils invisibles selon lesquels l'ensemble s'organise ; réseau qu'il ne peut être évidemment question de reconstituer intégralement ici.

Rappelons que ce livre couronne la somme euclidienne avec la construction des cinq polyèdres réguliers convexes, les cinq *corps platoniciens*. La dix-huitième et dernière proposition, qui compare les arêtes respectives de ces cinq polyèdres et établit qu'il n'y en a pas de sixième, ne resssortit guère à l'analyse. C'est la construction elle-même de ces polyèdres qui invite à celle-ci. Prenons ici un seul exemple, en choisissant le plus suggestif que nous ayons pu trouver, celui de la construction du dodécaèdre régulier, telle qu'elle s'accomplit avec la proposition 17.

Le problème constitutif de cette proposition demande donc, non seulement de construire le polyèdre dont les douze faces sont des pen-

1. *Cf.* ci-dessus, p. 13.

tagones réguliers, mais de déterminer la sphère où il s'inscrit[1]. Or la supposition du problème résolu, à savoir la représentation du dodécaèdre inscrit dans sa sphère, suggère déjà que, parmi les vingt sommets de ce dodécaèdre, huit choisis convenablement constitueront les sommets d'un cube, tandis que les douze autres sommets du dodécaèdre prendront place deux par deux entre chacune des six faces de ce cube et la surface de la sphère. Deux questions se poseront alors: la première sera celle de la construction du cube, ainsi lui-même inscrit dans le dodécaèdre et dans la sphère; la seconde sera celle de la construction des douze faces pentagonales du dodécaèdre relativement aux faces du cube mais surtout relativement aux douze arêtes de celui-ci.

La réponse à la première de ces deux questions ressortit à la géométrie dans l'espace la plus élémentaire, puisqu'enfin le diamètre de la sphère est aussi celui du cube qui s'y inscrit, et qu'un double usage du théorème de Pythagore suffit à établir que le carré du diamètre de la sphère est triple du carré de l'arête du cube.

Quant à la construction des faces pentagonales du dodécaèdre, la supposition du problème résolu manifeste que chacun de ces douze pentagones devra comporter un angle sous-tendu respectivement par chacune des douze arêtes du cube. Or l'auteur du livre XIII sait que, comme le rappelle la proposition 8, si l'on coupe la droite qui sous-tend un angle d'un pentagone régulier *en extrême et moyenne raison*, c'est-à-dire en sorte que les deux segments *a* et *b* obtenus satisfassent à la proportion:

$$\frac{a+b}{a} = \frac{a}{b},$$

le plus grand de ces deux segments sera égal au côté du pentagone; on pourra donc obtenir le rapport de l'arête du cube à l'arête du dodécaèdre. Ainsi la position exacte qu'occupera, relativement au cube, chaque pentagone dont un angle est sous-tendu par une arête du cube pourra se conclure de cette relation *en extrême et moyenne raison* par quelques applications du théorème de Pythagore.

Mais ce que nous venons de retracer n'est jamais que l'inverse de la démarche caractéristique de la proposition 17; inverse que le lecteur d'Euclide, curieux de comprendre comment l'auteur du livre XIII a pu élaborer sa démonstration, reconstitue d'autant plus facilement que tout y repose sur une chaîne de conditions nécessaires et suffisantes, qui se

1. Par souci de simplification, nous laissons ici de côté la question, également traitée par le livre XIII, de la place occupée par l'arête respective de chaque polyèdre dans la classification des droites irrationnelles proposée par le livre X.

laisse donc aussi bien parcourir dans l'un que dans l'autre sens. Car l'auteur euclidien qui, fort légitimement, ne se sent tenu de nous livrer que la version synthétique de ses constructions et démonstrations, procédera de la façon suivante : ayant déjà établi, à la proposition 15, le rapport de l'arête du cube au diamètre de la sphère où il s'inscrit, il construit donc un cube et, à partir de deux de ses faces perpendiculaires entre elles, il construit, sans nous livrer encore la moindre justification d'une telle construction, un pentagone dont l'arête du cube sous-tend l'un des angles ; à partir des modalités auxquelles il a soumis sa construction, il nous démontre ensuite successivement

1) que ce pentagone est équilatéral,
2) qu'il est situé dans le même plan,
3) qu'il est équiangle,

qu'il est donc un pentagone régulier. Ainsi la construction est marquée par une cécité sur ses raisons, laquelle ne se dissipera qu'au terme de la démonstration qui suit, puisque celle-ci établira enfin que la construction satisfait bien aux exigences du problème.

La justification de l'analyse, qui nous oblige ici à supposer que l'auteur n'a pu inventer sa construction que par elle, bien qu'il ne nous ait proposé qu'une synthèse, tient évidemment à ce que la supposition du problème résolu permet d'embrasser l'ensemble de la situation et des relations qu'elle enveloppe, et de remonter ainsi de la construction elle-même à ses conditions fondamentales ; alors qu'il eût été très difficile, sans être éclairé par une telle préalable analyse, d'ajuster, pièce à pièce, sur ces seules conditions fondamentales, tout ce que nécessite cette construction. Nous avons ici une nouvelle illustration, seulement plus complexe, de ce que nous offrait déjà la proposition 218 du livre VII de Pappus[1].

Mais il y a encore plus, et même tout autre chose, dans notre exemple du livre XIII, où le recours à l'analyse ne tient pas seulement au caractère proprement géométrique de la construction ; il y a, dans le raisonnement lui-même au moyen duquel l'auteur démontre la validité de sa construction, des cheminements qu'on peut aujourd'hui représenter en termes quasiment algébriques et qui témoignent encore d'une présence latente de l'analyse à ce niveau.

Revenons sur le fait, que nous avons signalé au passage, que la construction de la face pentagonale du dodécaèdre, dans la situation exacte qu'elle occupe relativement à la face du cube, doit s'appuyer sur la considération de la proportion caractéristique de la coupure *en*

1. *Cf.* ci-dessus, p. 65-66.

extrême et moyenne raison, qu'on retrouve entre tels et tels éléments de ces deux polyèdres. Ainsi l'auteur de cette proposition XIII-17 doit, à un certain moment, démontrer qu'une telle coupure, que nous désignerons comme celle du segment $a + b$ en a et en b ($a > b$), implique l'égalité de la somme des carrés, de côtés $2a + b$ et a, au triple du carré de côté $a + b$.

Peu importe ici qu'il ne soit évidemment pas question pour lui de démontrer directement, comme nous le ferions aujourd'hui, que :

$$\frac{a+b}{a} = \frac{a}{b}$$

implique et, plus encore, est équivalent à :

$$(2a + b)^2 + a^2 = 3(a + b)^2.$$

Au lieu de quoi, il s'appuie, d'abord sur la proposition, par lui-même préalablement établie, XIII-5, qui revient à dire en termes de segments :

$$\frac{a+b}{a} = \frac{a}{b} \quad \Rightarrow \quad \frac{2a+b}{a+b} = \frac{a+b}{a},$$

puis sur une autre proposition, qu'il avait aussi préalablement établie, à savoir XIII-4, cette fois pour démontrer que

$$\frac{2a+b}{a+b} = \frac{a+b}{a} \quad \Rightarrow \quad (2a + b)^2 + a^2 = 3(a + b)^2.$$

Ainsi la démarche synthétique à laquelle s'astreint l'auteur du livre XIII l'a obligé à démontrer, au début de ce livre, des théorèmes de contenu quasi algébrique qui l'aideraient à leur tour à prouver la validité des constructions géométriques, qui étaient l'objet même du livre. Pourtant, selon toute vraisemblance, c'est la supposition de ces constructions qui l'avait amené à percevoir la nécessité de ces théorèmes ; ceux-ci, de surcroît, étant constitués par des équivalences, eussent été plus faciles à obtenir suivant l'ordre de simplification maximale, c'est-à-dire précisément dans le sens inverse de celui de la construction qu'appelait la synthèse.

Prenons l'exemple de XIII-5, qui dit donc que

> si une ligne droite est coupée en extrême et moyenne raison et qu'on y ajoute une ligne droite égale au plus grand segment, la ligne droite entière aura été coupée en extrême et moyenne raison et la droite originaire sera le plus grand segment.

Reconstituons ici sa démonstration, en la réduisant à son squelette algébrique, sans méconnaître pour autant que l'auteur euclidien raisonne sur une figure où ce que nous désignons par a, b, $a + b$, $2a + b$

sont des segments de droite, a^2, ab, b^2, $(a + b)^2$, $a(2a + b)$ des surfaces carrées ou rectangulaires[1] :

① $\frac{a+b}{a} = \frac{a}{b}$

② $(a+b)b = a^2$

③ $ab + b^2 = a^2$

④ $ab + b^2 + (a^2 + ab) = a^2 + (a^2 + ab)$

⑤ $(a+b)^2 = 2a^2 + ab$

⑥ $(a+b)^2 = a(2a+b)$

⑦ $\frac{2a+b}{a+b} = \frac{a+b}{a}$.

Le passage de ① à ② et celui de ② à ③ ne demandent que des opérations assez simples, qui, une fois ramenées à l'algèbre, se réduiraient à des multiplications. Le passage de ③ à ④, à savoir cette addition de la même surface $a^2 + ab$ de part et d'autre de l'égalité demande en revanche une construction dont l'intérêt ne deviendra évident qu'un peu plus tard pour l'obtention du carré de $a + b$. Telle est très précisément la difficulté qui peut empêcher d'obtenir d'emblée les sept étapes successives de la synthèse, comme nous les représentons ici.

Mais, puisqu'en réalité on procède, à travers toutes ces étapes, par voie d'équivalence, rien ne s'opposerait à l'inversion de la précédente démarche. Mettons-nous d'ailleurs à la place de cet auteur du livre XIII, qui avait déjà dû remonter de la supposition de la construction du dodécaèdre jusqu'à ses conditions proprement géométriques, et qui devait encore retrouver, au cœur de tout cela, cette coupure *en extrême et moyenne raison*, telle que l'énonce l'étape ①. Le cheminement de ⑦ à ① s'inscrivait lui-même dans le prolongement du cheminement analytique qu'il devait déjà suivre depuis cette supposition initiale de l'inscription du dodécaèdre dans la sphère. Au demeurant cette remontée était relativement facile : le passage de ⑦ à ⑥, de ⑥ à ⑤, de ⑤ à ④ repose essentiellement sur ces équivalents de multiplication, que nous

1. La présente reconstitution suit exactement le texte d'Euclide, à cette importante réserve près que, d'avoir réduit la démonstration à son squelette algébrique nous conduit à omettre comme inutiles des étapes proprement et purement géométriques, qui tiennent à ce que les entités que nous désignons ici par *a* et par *b* peuvent chacune correspondre sur la figure à plusieurs segments distincts, dont le géomètre est de ce fait obligé de faire valoir chaque fois qu'ils sont égaux entre eux. Ainsi la consultation du texte d'Euclide montre que l'égalité correspondant à la deuxième des étapes que nous avons distinguées reçoit trois formulations géométriques successives, qui, d'un point de vue strictement algébrique, parasitent la démonstration.

avions déjà relevés pour le passage de ① à ② et de ② à ③. Le passage de ④ à ③ est une simplification, qui de ce fait s'impose d'elle-même. A partir de ③, la mise en facteur de *b* suffira pour atteindre ②, comme, dans le sens de la synthèse, la mise en facteur de *a* faisait passer de ⑤ à ⑥. Quant au passage de ② à ①, il ne soulèvera pas plus de difficultés que n'en soulevait, dans le sens de la synthèse, le passage de ⑥ à ⑦.

Devant la nécessité de démontrer un théorème de ce genre, on peut donc situer de manière très précise la raison qui privilégiera la remontée analytique sur la démarche synthétique : quelque équivalence syntaxique qu'il y ait entre les étapes ③ et ④, le géomètre ou le calculateur passera plus naturellement de ④ à ③ qu'il ne passera de ③ à ④, ce second passage appelant une addition, une construction dont la nécessité ne saute pas immédiatement aux yeux. C'est ce qui incite à penser que l'auteur euclidien a dû ici d'abord obtenir analytiquement la démonstration dont il ne nous livre pourtant que le cheminement synthétique.

Déjà le fait que,. dans l'énoncé de XIII-5, l'antécédent soit plus simple que le conséquent laissait deviner que la reconstitution de la démonstration devait commencer par ce dernier pour suivre le sens de la simplification. Le choix que nous avons fait, à l'intérieur du livre XIII, de l'exemple du dodécaèdre nous a amené à privilégier l'examen de ce théorème 5 ; nous aurions abouti à des conclusions analogues avec le théorème 4 :

$$\frac{a+b}{a} = \frac{a}{b} \quad \Rightarrow \quad (a+b)^2 + b^2 = 3a^2$$

que nous avions vu que la démonstration de XIII-17 mobilisait aussi ; car cet énoncé déjà manifeste tout autant que le passage de l'antécédent au conséquent appelle construction.

Mais, si nous avions considéré les autres polyèdres réguliers que le dodécaèdre, nous aurions pu montrer que leur construction, aux propositions 13, 14, 15 et 16, faisait encore recours à des théorèmes comme 1 et 3 :

$$1 \quad \frac{a+b}{a} = \frac{a}{b} \quad \Rightarrow \quad \left(a + \frac{a+b}{2}\right)^2 = 5\left(\frac{a+b}{2}\right)^2$$

$$3 \quad \frac{a+b}{a} = \frac{a}{b} \quad \Rightarrow \quad \left(b + \frac{a}{2}\right)^2 = 5\left(\frac{a}{2}\right)^2$$

dont, d'une part, on pourrait vérifier que la démonstration procède par équivalence, et dont l'énoncé, d'autre part, manifeste que les facilités inhérentes à l'ordre de la simplification incitaient aussi à construire cette démonstration à partir du conséquent.

Pour en revenir à XIII-5, nous disposons d'ailleurs d'un indice supplémentaire de ce que la remontée de sa démonstration participe bien de cette remontée plus générale à partir de la supposition de l'inscription du dodécaèdre dans la sphère. Cet indice tient à ce que ce théorème, considéré dans le contexte de la somme euclidienne, est en fait totalement inutile, puisqu'il n'est jamais qu'une application de la proposition 12 du livre V, qui disait que

> si des grandeurs, en nombre quelconque, sont proportionnelles, la somme des antécédents sera à celle des conséquents comme l'un des antécédents est à l'un des conséquents.

L'auteur de XIII-5 établit donc ici à grand frais, sur un cas géométrique particulier, ce que l'auteur du livre V avait établi pour toute grandeur en général[1]. Ceci montre surtout combien les démonstrations du livre XIII se trouvent étroitement intégrées au mouvement ascendant, qui part de la supposition proprement géométrique de l'inscription du polyèdre ; il montre aussi accessoirement que, si l'auteur de la synthèse euclidienne ne semble pas s'être rendu compte de l'inutilité de cette démonstration géométrique de XIII-5, il n'est pas invraisemblable que l'auteur initial de l'admirable livre XIII ait tout simplement ignoré le livre V. Osons dire pourtant qu'une correction du texte euclidien, qui éliminerait cette répétition, abîmerait plutôt la beauté de ce livre ; car elle estomperait quelque chose de la remontée analytique que l'on devine, présente de la fin au début, jumelle de l'aveugle synthèse qui va du début à la fin.

* * *

L'examen, auquel nous venons de procéder, du cheminement du livre XIII des *Eléments*, montrant que ses singularités suggèrent les étapes de la démarche analytique qui dut présider à son invention, appelle ici deux remarques complémentaires.

D'abord l'élégant ajustement des voies successivement suivies ne doit pas nous faire méconnaître que l'auteur euclidien aurait pu en principe obtenir la solution de son problème suivant une analyse toute différente. Au lieu de partir de la supposition des huit sommets d'un cube inscrit, il aurait pu partir, plus directement encore, de la répartition des vingt sommets du dodécaèdre, cinq par cinq, sur quatre cercles parallèles de la sphère circonscrite, comme le fera Pappus à la fin du

1. *Cf.* notre livre *L'Organisation des mathématiques grecques de Théétète à Archimède*, Paris, Vrin, 1997, p. 253-254.

livre III de sa *Collection mathématique*[1]. On ne peut en effet nous objecter que le problème, résolu par Pappus, d'inscrire un dodécaèdre dans une sphère donnée, ne sera pas exactement le problème, résolu par Euclide, de construire un dodécaèdre et d'y circonscrire ensuite une sphère ; car, dans l'un et l'autre cas, l'analyse, en établissant la relation entre les divers segments envisagés et le diamètre de la sphère, permettrait aussi bien de procéder dans un sens que dans l'autre. On pourrait donc légitimement tenter d'imaginer ce qu'eût été le livre XIII des *Eléments*, si l'analyse préparatoire avait procédé selon la voie plus tard empruntée par Pappus. Ceci montre que la seule adoption d'une méthode analytique ne fournit pas nécessairement une procédure qui s'imposerait à l'exclusion de toute autre. Ce serait méconnaître l'originalité du livre XIII que de s'imaginer rétrospectivement que l'analyse y aurait acheminé son auteur aux seuls modes de démonstration auxquels on eût pu s'attendre.

Soulignons enfin qu'il y aurait quelque naïveté à déduire de notre précédent examen de ce livre XIII, que son auteur dut intégralement procéder d'abord de la fin au début, remonter la chaîne des calculs de la supposition de l'inscription des polyèdres jusqu'à cette coupure *en extrême et moyenne raison*, par exemple, qui devait permettre de construire les plus difficiles d'entre eux ; comme si cette remontée avait pu être si parfaite que le seul retournement du jeu de ses équivalences eût pu livrer immédiatement toute la synthèse. Au contraire il n'est pas sans vraisemblance que la remontée analytique initiale, que nous avons supposée chez lui, se soit bornée à observer que l'inscription du dodécaèdre renvoyait à celle du cube, que l'arête du dodécaèdre était à celle de ce cube comme le côté du pentagone au segment de droite qui soustend l'un de ses angles, que la clé de la solution du problème était donc dans cette coupure *en extrême et moyenne raison*, déjà implicitement présente au livre IV, puis explicitement au livre VI des *Eléments*. Autrement dit, il est possible, sinon probable, qu'il ait plutôt procédé de *supposé donné* en *supposé donné*, sans s'attarder d'abord au détail lui-même des constructions et des calculs, mais par une démarche, qui, pour être plus vague, pouvait encore se prêter à une certaine anticipation du cheminement futur de la synthèse et permettait ainsi de le préparer.

1. Proposition 58.

CHAPITRE IV

ANALYSE ET THÉORIE EUCLIDIENNE DES DONNÉES

Revenons sur la mise en garde sur laquelle se terminait le chapitre précédent, et par laquelle nous tenions à souligner que nous n'avions pas la naïveté de prétendre que l'auteur du livre XIII eût procédé par une analyse intégrale de ses conclusions, pour remonter jusqu'à leurs présupposés, qu'il aurait ensuite en quelque sorte retournés pour obtenir synthétiquement la construction de ses résultats.

Reprenons l'exemple des propositions 15 et 17 concernant respectivement l'inscription d'un cube et celle d'un dodécaèdre dans une sphère donnée. Leur élaboration est comme traversée notamment par une chaîne d'équivalences qu'on pourrait caractériser par les quatre étapes suivantes :

> 1) *La grandeur du diamètre de la sphère est donnée*, puisque c'est même *la donnée* fondamentale de tous les problèmes du livre XIII ;
> 2) *La grandeur du diamètre* (reliant deux sommets opposés) *du cube est donnée*, puisqu'un tel diamètre est aussi un diamètre de la sphère ;
> 3) *L'arête du cube est donnée* à partir de son diamètre par un double usage du *théorème de Pythagore* ;
> 4) *L'arête du dodécaèdre est donnée* puisque, si l'on coupe l'arête du cube en extrême et moyenne raison, le plus grand segment sera égal à l'arête du dodécaèdre.

Sans doute venons-nous de justifier le passage de la première étape aux autres comme s'il s'agissait chaque fois d'implications simples; mais il est évident qu'une chaîne d'implications réciproques eût conduit tout aussi directement de la quatrième étape à la première. La conclusion de cette chaîne d'équivalences sera donc que *l'arête du dodécaèdre inscrit dans la sphère est donnée si et seulement si le diamètre de la sphère est lui-même donné*; équivalence qui ne pouvait être aisément perçue que si l'on imaginait d'abord un cube inscrit dans un dodécaèdre, lui-même inscrit dans la sphère initialement donnée.

Observons que ce genre d'équivalences qui permettait d'accéder à une présentation synoptique d'un enchaînement de possibles démonstrations, comme en offrait l'ensemble du livre XIII, ne pouvait s'exprimer dans le simple langage de la seule classique géométrie, qui désormais ne suffisait plus. Il fallait encore pouvoir dire, de telle ou telle entité géométrique (point, ligne, angle, cercle, segment, etc.) ou de telle ou telle entité plus générale encore (par exemple grandeur ou raison), non ce qu'elle était, mais si elle était ou non *donnée*, sans omettre de préciser sous quel rapport elle pouvait être ou non *donnée*.

Un tel mode de raisonnement, avec son vocabulaire spécifique, tel que la considération du livre XIII fait deviner son utilité possible, n'a cependant laissé aucune trace explicite à l'intérieur des *Eléments*, pas plus d'ailleurs qu'à l'intérieur des traités qui nous sont parvenus d'Archimède ou d'Apollonius. L'existence de ce type de raisonnement ne ressortit cependant pas au genre de la simple reconstruction archéologique, puisqu'il semble bien qu'Euclide lui-même ait tenté d'en élaborer une présentation systématique dans le livre des *Données*, qui nous a été retransmis sous son nom.

Pappus mentionne cet ouvrage en tête des trente-trois livres qu'il attribue à Euclide, Apollonius, Aristée ou Eratosthène, et dont l'ensemble, nous dit-il au début de son livre VII, ressortissait au *champ de l'analyse* (ἀναλυόμενος τόπος) ou constituait, comme on le traduit quelquefois, le *trésor de l'analyse*. Puisque nous avons la chance de disposer encore aujourd'hui de ce texte dont la relation à l'analyse ne semble jamais avoir été mise en doute par qui que ce soit, nous nous proposons ici d'en étudier la structure, dans l'espoir de mieux éclairer cette relation à l'analyse, sans doute incontestée, mais dont les raisons sont loin d'être pour autant immédiatement évidentes.

* * *

Ce livre des *Données*, tel qu'il nous est parvenu sous le nom d'Euclide, comporte 15 définitions suivies de 94 propositions [1], et revêt, tout autant que les *Eléments*, la forme que nous appelons aujourd'hui *hypothético-déductive*. Son caractère particulier tient cependant à ce qu'il n'ajoute, à l'axiomatique propre aux six premiers livres des *Eléments*, implicitement reprise (définitions, postulats, notions communes) rien d'autre que les *définitions* dont nous venons de mentionner la présence en tête de l'œuvre. S'il recourt aux seuls six premiers livres, c'est qu'il s'exerce dans les limites de la géométrie plane, c'est-à-dire qu'il ne concerne ni l'arithmétique ni la géométrie dans l'espace, qui l'une et l'autre se partagent les sept derniers livres des *Eléments*.

Rappelons la situation que, dans ces *Eléments*, occupait la *théorie des grandeurs*: si les nombres, objets de l'arithmétique, n'étaient pas pour l'auteur euclidien des *grandeurs*, les objets de la géométrie, en revanche, segments de droites, angles, figures rectilignes, cercles et segments de cercles (pour rester dans les limites de la géométrie plane) étaient bien des *grandeurs*. Rappelons encore que l'auteur des *Eléments* a développé ses quatre premiers livres consacrés à la géométrie, sans recourir le moins du monde à la théorie, plus générale, des *grandeurs*, laquelle occupe le livre V, tandis que le livre VI applique les théorèmes du précédent à une amplification des résultats strictement géométriques obtenus aux quatre premiers livres.

Cette inclusion stricte des objets de la géométrie à l'intérieur de l'ensemble des grandeurs se retrouve dans les *Données*. On sait que les définitions placées en tête du livre V des *Eléments* ont, par leur objet, une généralité que n'avaient pas, par exemple, celles du début du premier livre. De même déjà, des 15 définitions qui ouvrent les *Données*, cinq dépassent le strict niveau de la géométrie, et valent pour les grandeurs en général et les raisons entre grandeurs. Comme le faisait observer Pappus au début de son livre VII, on peut en dire tout autant des 23 premières propositions de ces *Données*, qui, ajoutées aux cinq définitions que nous venons de mentionner, constituent donc une sorte de théorie dans la théorie, dont le contenu correspond, dans un style nouveau adapté à quelque autre fin, à celle que développait le livre V.

L'originalité la plus frappante du vocabulaire mathématique des *Données* tient à l'usage du mot qui lui sert de titre. Il ne s'agit évidemment pas de prétendre que le mot «donné» soit absent des *Eléments*,

1. Nous suivons ici l'édition Teubner des *Euclidis Data cum commentario Marini et scholiis antiquis* edidit Henricus Menge, Leipzig, 1896, dont nous citerons nos propres traductions.

alors qu'il y est au contraire partout exprimé ou sous-entendu, dès la première proposition du premier livre :

> Sur une droite finie donnée construire un triangle équilatéral.

La synthèse euclidienne se propose en effet de partir d'éléments simples supposés *donnés* ou *connus*, à la découverte de ce qui ne lui est pas encore *donné*. Dans cette mesure, l'auteur des *Eléments*, comme tout auteur de raisonnement déductif, ne pouvait faire état d'un tel mot qui se réfère, non à l'objet lui-même de la connaissance, mais à la connaissance qu'on en a, que dans le métalangage destiné à faire comprendre à son lecteur, outre les propositions et les termes directement constitutifs du raisonnement lui-même, le mouvement de celui-ci, d'où il vient et où il va.

Cet usage métalinguistique du mot « donné » dans le vocabulaire de la géométrie classique ne doit absolument pas être confondu avec l'introduction de nouveaux prédicats dans le langage direct propre à la théorie des *Données*. Pour en fournir un exemple, la proposition 40 du livre IV de *La Collection mathématique* de Pappus[1] :

> Une droite AB étant donnée *de position et de grandeur*, décrire par les points A, B un arc de cercle ayant un rapport donné avec la droite AB

appartient à la géométrie la plus classique, même si l'indication que nous y avons portée en italiques, au demeurant inutile, confère assez gratuitement à cette proposition un semblant de parenté avec la théorie dont nous abordons l'étude. Car enfin le mot « donné » signifie ici que le terme auquel il s'applique, segment ou raison, peut être *arbitrairement choisi*, c'est-à-dire que ce mot exprime simplement la quantification universelle qu'on lui applique. Le problème pourrait donc tout aussi bien se transcrire, sans le moindre recours au mot « donné », en ces termes :

> Décrire, par les extrémités d'une droite, un arc de cercle ayant un rapport quelconque avec cette droite.

Ce qui caractérise essentiellement une théorie des *Données* est pourtant sa forme grammaticale :

> Si telle chose est donnée ou si telles choses sont données, telle autre chose est donnée.

Ce que nous venons de dire appelle deux indications complémentaires. D'une part les choses ainsi dites *données* peuvent être des grandeurs,

1. Trad. Ver Eecke, tome premier, p. 227.

des raisons ou rapports, ou encore des objets proprement géométriques (segments de droite, angles, triangles, polygones, etc.) ; d'autre part ce mot de « donné » sert à constituer dans le vocabulaire, non pas un seul, mais quatre prédicats distincts, à savoir

Est donné
Est donné de grandeur
Est donné d'espèce
Est donné de position

lesquels se trouvent introduits par les quatre premières *définitions* du traité euclidien.

Cette structure grammaticale des propositions constitutives des *Données* implique que celles-ci aient toujours la forme à l'indicatif, qui caractérise le *théorème*, à la différence des propositions de la géométrie classique qui peuvent aussi prendre la forme d'un *problème* ; ce qui suffit déjà à expliquer pourquoi la proposition 40 du livre IV de *La Collection mathématique* de Pappus, du seul fait qu'elle s'exprimait à l'infinitif, ne pouvait en aucun cas ressortir à cette théorie des *Données*.

La distance grammaticale entre géométrie classique et théorie des *Données* est immédiatement sensible dans le cas de certains théorèmes dont l'objet ou, si l'on préfère, le contenu peut être extrêmement voisin, bien que leur présentation linguistique suffise à rendre les uns irréductibles aux autres. Comparons la proposition 4 du livre VI des *Eléments* :

> Dans les triangles équiangles, les côtés autour des angles égaux sont proportionnels,

dont la définition de la similitude des figures rectilignes introduite au début du même livre permet de déduire que les triangles en question sont semblables, avec la proposition 40 des *Données* :

> Si chacun des angles d'un triangle est donné de grandeur, le triangle est donné d'espèce.

Comparons encore la proposition 5 du livre VI :

> Si deux triangles ont leurs côtés proportionnels, ils seront équiangles

avec la proposition 42 des *Données* :

> Si les côtés d'un triangle ont entre eux une raison donnée, ce triangle est donné d'espèce.

Simplement, dans la mesure où le vocabulaire de la théorie des *Données* est plus riche que le vocabulaire des *Eléments*, rien n'empêche que la démonstration de ces deux propositions 40 et 42, pour nous en tenir à leur exemple, fasse respectivement appel à ces propositions 4 et 5 du livre VI.

* * *

La première « définition » des *Données* d'Euclide énonce que

> sont dits donnés de grandeur les espaces, les lignes et les angles auxquels nous pouvons trouver des termes égaux.

Observons d'abord que la tournure « sont dits », qui va se retrouver dans la formulation des huit premières définitions, souligne bien la prétention qu'a l'auteur de nous livrer des définitions que le vocabulaire plus récent qualifierait de *nominales* ; en outre l'expression « espaces » semble bien désigner ici des *figures planes*, comme sont les figures rectilignes, les cercles ou segments de cercles dont feront état les définitions suivantes. L'utilisation qui sera faite de cette définition 1, en particulier pour les démonstrations des six premières propositions, montre que l'énoncé de cette définition, qui ne touche *stricto sensu* que ces grandeurs géométriques particulières, qu'il appelle *espaces*, *lignes* et *angles* est étendu à la *grandeur* en général comme s'il était écrit :

> Sont dites données (évidemment *de grandeur*) les grandeurs auxquelles nous pouvons trouver des grandeurs égales.

Sans quoi, on ne comprendrait pas que l'auteur des 23 premières propositions, qui ne traitent que des grandeurs, puisse mobiliser cette définition 1 pour ses démonstrations.

Cette définition 1 procède encore comme si le terme même de « donné », dont nous avons souligné le caractère métalinguistique de l'usage à l'intérieur des *Eléments*, pouvait néanmoins être construit par voie de définition sans sortir du langage direct de ces *Eléments*, puisque cette définition revient à dire, a et x désignant ici des grandeurs, en l'occurrence géométriques :

$$\text{a est donné de grandeur} \underset{\text{df}}{=} \exists x\,(x = a).$$

Ainsi l'auteur des *Données* construit le prédicat monadique *est donné de grandeur*, à partir de la relation d'*égalité*, qui appartenait déjà au vocabulaire des *Eléments*.

Il ne semble pas que cet auteur se soit rendu compte que le *definiens* qu'il proposait conférait au terme de « donné » une acception beaucoup plus large que celle que ce mot reçoit dans le discours du géomètre. Car enfin, pour choisir un exemple dérisoirement simple, si nous nous en tenions à une telle définition, nous devrions considérer que tous les rectangles, si indéterminées que soient leurs dimensions, par le seul fait qu'ils soient rectangles et que, pour chacun de leurs côtés, il existe un segment (opposé) qui lui soit égal, ont leurs côtés effectivement *donnés de grandeur* ; ce qui amènerait à faire entrer dans la catégorie du *donné* la plupart des classiques objets de la géométrie, sans tenir compte du sens précis relativement étroit que lui prête le métalangage du géomètre.

Si l'auteur des *Données* n'a pas voulu conférer à sa première définition l'acception que nous venons de voir, il ne serait pas absurde de supposer qu'il ait voulu dire que

> sont dits donnés de grandeur les espaces, les lignes et les angles auxquels nous pouvons trouver des termes égaux qui soient eux-mêmes donnés de grandeur.

Mais alors

> 1) ce n'est évidemment pas une *définition*, ou, si l'on préfère, cette définition est circulaire puisqu'elle définit *donné de grandeur* à partir de lui-même;
> 2) qu'une telle définition soit, en tant que *définition*, absurde n'empêche pas que la phrase puisse avoir un sens, si on la considère, non comme une *définition*, mais comme un *théorème*, en l'occurrence indémontré, c'est-à-dire en fin de compte un *axiome*. Cet axiome, dont il conviendrait d'éliminer « sont dits » de son expression, deviendrait :
>
> > des espaces, des lignes et des angles sont donnés de grandeur si et seulement si nous pouvons trouver des termes qui leur soient égaux et soient eux-mêmes donnés de grandeur ;
>
> expression que nous pourrions formaliser de la manière suivante, aussi bien pour l'ensemble des espaces, celui des lignes ou celui des angles :
>
> > ∀x [x est donné de grandeur si et seulement si ∃y (x = y & y est donné de grandeur)].

Les annotations que Peyrard[1] a insérées entre parenthèses dans sa traduction des *Données* prouvent que ce commentateur a cru pouvoir

1. *Les Œuvres d'Euclide*, traduites littéralement par F. Peyrard, Patris, Paris, 1819, nouveau tirage, Blanchard, Paris, 1966.

relever dans la démonstration des théorèmes de ce traité, en particulier dans celle des théorèmes initiaux concernant les *grandeurs*, de très nombreux recours à cette première définition. Ainsi déjà, dans la démonstration des deux premières propositions, on a les mêmes phrases :

> Puisque A est donnée, il est possible de trouver un terme qui y soit égal ; qu'il soit trouvé et que ce soit C ;

de même, dans la démonstration des deux suivantes, où les grandeurs sont désignées chacune par deux lettres parce qu'on doit procéder sur elles à des additions ou à des retranchements, on a encore les mêmes phrases :

> Puisque AB est donnée, il est possible de trouver un terme qui y soit égal ; qu'il soit trouvé et que ce soit DE (ou DZ).

Il semble bien en effet qu'on doive ici suivre Peyrard, à cette réserve près que ce n'est pas exactement la définition 1 que l'auteur euclidien applique, mais l'axiome qui s'y cache, et qui lui-même ne peut s'exprimer que s'il présuppose le prédicat *est donné* (applicable ici aux *grandeurs*) comme un terme premier qu'on est obligé d'admettre alors comme *indéfini*. Ainsi l'usage que l'auteur des démonstrations de ce livre des *Données* fait de cette prétendue définition 1 nous paraît confirmer, ne serait-ce que par leurs abus, l'interprétation que nous venons d'en proposer.

Nous pourrions faire des remarques analogues sur la deuxième définition :

> Une raison est dite être donnée quand nous pouvons en trouver une qui soit la même.

Car il ne suffit pas, pour que le géomètre considère que la raison $\frac{a}{b}$ de deux segments de droite lui soit donnée, que le *théorème* dit en France *de Thalès* lui permette d'affirmer l'existence de deux segments a' et b' tels que $\frac{a}{b} = \frac{a'}{b'}$. Plus simplement encore, si la raison $\frac{a}{b}$ n'est pas d'abord elle-même *donnée*, ce n'est pas l'égalité $\frac{a}{b} = \frac{na}{nb}$ (n étant un entier quelconque) qui fera qu'elle soit davantage *donnée*. Bien évidemment, dans l'une et l'autre des deux premières définitions, interpréter que la grandeur ou la raison, à laquelle le *definiens* égale la première grandeur ou raison, soit implicitement supposée *donnée* reviendrait.à reconnaître la circularité des deux définitions.

Il n'est donc pas plus absurde que ce n'était pour la première *définition* de supposer que l'auteur de la deuxième ait voulu signifier que

> une raison est dite être donnée quand nous pouvons en trouver une qui soit la même et qui soit elle-même donnée.

Mais alors nous pourrions reprendre le refrain précédent :

> 1) cette *définition* est évidemment circulaire ;
>
> 2) elle ne peut avoir de légitimité qu'en tant que *théorème*, qui dirait que toute raison égale à une raison donnée est elle-même donnée ; si l'on préfère, toute raison est donnée si et seulement s'il existe une raison qui y est égale et qui est elle-même donnée.

L'utilisation que l'auteur des *Données* fait de ces définitions 1 et 2 pour la démonstration de ses propositions semble bien impliquer l'abus que nous venons de dénoncer, et qui revient à définir, dans les deux cas, le terme de *donné* à partir de lui-même. On peut déjà le vérifier sur la démonstration de la proposition 1, qui mobilise deux fois la définition 1 et une fois la définition 2.

Robert Simson[1], tout en s'accommodant apparemment de la première définition des *Données*, propose de la seconde une version « plus explicite » que celle du texte grec, qui risquerait, dit-il remarquablement, de donner à penser « qu'est donnée une raison à laquelle on montre qu'une autre raison est égale, quoique cette autre ne soit pas établie entre des grandeurs données »[2]. Le même auteur, un peu plus loin[3], revient sur l'erreur commise par ceux qui ont pu croire « qu'une raison était donnée si l'on pouvait trouver une autre raison dont on aurait montré qu'elle fût la même, quoique cette dernière raison n'eût pas été trouvée ». Mais, ajoute-t-il encore, « ceci est en même temps absurde, parce qu'on en déduirait que la raison des côtés de deux carrés quelconques, ou la raison des diamètres de deux cercles quelconques est donnée ». La version de la définition 2 proposée par Simson est donc[4] :

> Une raison est dite être donnée quand on peut trouver une raison d'une grandeur donnée à une grandeur donnée, qui est la même raison qu'elle.

1. *The Elements of Euclid*, also the Book of *Euclid's Data*, E. Wingrove, London and J. Balfour, Edinburgh, 1793, p. 367.
2. *Ibid.*, p. 463.
3. *Ibid.*, p. 466.
4. *Ibid.*, p. 367.

Nous pourrions formaliser une telle définition de la manière suivante :

$$\text{la raison } \tfrac{a}{b} \text{ est donnée } \underset{df}{=} \exists xy \,(\text{x est donné \& y est donné \& la raison } \tfrac{x}{y} = \text{la raison } \tfrac{a}{b}).$$

Une telle définition serait en effet irréprochable à la condition d'accepter préalablement les termes suivants :

1) le prédicat *est donné* appliqué aux grandeurs, dont nous avions vu qu'en dépit de la définition 1 nous devions le prendre comme *terme premier indéfini* ;

2) les termes du vocabulaire empruntés à la *théorie des grandeurs* développée dans les *Eléments*, comme la possibilité de construire une raison entre deux grandeurs homogènes (métalinguistiquement) données, puisqu'enfin l'auteur des *Données* se comporte toujours comme s'il présupposait l'indispensable acquis de ces *Eléments*.

Ainsi la version, proposée par Simson, de la définition 2 ne peut prétendre être une traduction fidèle d'un texte, auquel elle est incomparablement supérieure. Simson en effet, sans toucher aux défauts de la définition 1, elle-même fidèlement traduite, propose du moins, par sa version personnelle de la définition 2, de réduire le prédicat *est donné*, appliqué à une raison, au prédicat *est donné* appliqué à une grandeur, et à l'égalité de deux raisons, ou, si l'on préfère, à l'analogie de quatre grandeurs, comme il en était déjà question dans le vocabulaire des *Eléments*. Mais, encore une fois, cette remarquable réduction semble bien l'œuvre de Simson, non celle de l'auteur initial des *Données*.

* * *

Débarrassons-nous de la définition 4 :

> Sont dits être donnés de position des points, des lignes et des angles qui occupent toujours le même lieu.

Cette définition présente des défauts analogues à ceux que nous avons trouvés aux deux premières, défauts que nous ne pourrions mieux corriger que ne l'a fait Simson en ajoutant à la fin de la phrase :

> et qui ou bien sont réellement montrés *(actually exhibited)*, ou bien peuvent être trouvés.

Car enfin il ne suffit pas que nous sachions que les points, lignes et angles en question occupent le même lieu; il faut que nous sachions aussi le lieu qu'ils occupent.

C'est en s'appuyant sur cette définition 4 que, par exemple, l'auteur établit par l'absurde la proposition 25 :

> Si deux lignes données de position se coupent, le point où elles se coupent est donné de position.

Car, si le point d'intersection n'était pas *donné de position*, il se déplacerait, et l'une au moins des deux lignes sécantes changerait alors de position, c'est-à-dire qu'elle-même ne serait plus *donnée de position*.

On ne peut cette fois nullement contester à la troisième « définition » :

> Sont dites être données d'espèce des figures rectilignes dont chacun des angles est donné et dont les raisons des côtés entre eux sont données

son statut d'authentique définition, puisqu'elle réduit efficacement le prédicat nouvellement introduit :

> *Est donné d'espèce*

aux deux prédicats

> *Est donné de grandeur*
> *Est donné*

précédemment introduits (bien ou mal, c'est une autre question), le premier par la « définition » 1, qui l'applique notamment aux *angles*, le second par la « définition » 2, qui l'applique effectivement aux *raisons*.

On aura intérêt à rapprocher cette troisième définition des *Données* de la première définition du livre VI des *Eléments* :

> Des figures rectilignes semblables sont celles qui ont leurs angles respectivement égaux et leurs côtés autour des angles égaux proportionnels,

laquelle repose sur une réduction tout à fait analogue. La différence, qui demeure entre les deux définitions, tient seulement à ce que celle des *Eléments* s'attachait à la *relation d'équivalence* qu'est la *similitude* entre figures, tandis que celle du livre des *Données* s'attache aux *classes d'équivalence*, ou, si l'on préfère le mot aristotélicien ou euclidien, aux *espèces*, que la considération d'une telle relation engendre; étant bien entendu que la connaissance de l'appartenance d'une figure rectiligne à une telle classe d'équivalence ne se fonde que sur la connaissance de l'appartenance de chaque angle et de chaque raison de côté à côté à leurs respectives classes d'équivalence : si ces dernières appartenances sont *données*, alors la classe d'équivalence à laquelle appartient la figure rectiligne sera elle-même *donnée* ou, comme le dit à sa manière Euclide, la figure sera *donnée d'espèce*.

Les définitions 5 et 6, de ce que signifie qu'un cercle soit *donné de grandeur*, ou à la fois *de grandeur et de position*, s'appuient légitimement sur la grandeur du rayon pour la grandeur du cercle, et, pour sa position, sur la position du centre.

La définition 7 :

> Des segments de cercles sont dits être donnés de grandeur, quand les angles qui y sont compris et les bases de ces segments sont donnés de grandeur

mérite d'être rapprochée de la définition 11 du livre III des *Eléments* :

> Des segments de cercles semblables sont ceux qui admettent des angles égaux ou dans lesquels les angles soient égaux les uns aux autres.

Mais un tel rapprochement aboutirait à des conclusions fort différentes de celles que suggérait le rapprochement de la définition 3 avec la première définition du livre VI des *Eléments*. Sans doute, la définition 11 du livre III concerne-t-elle aussi une *relation d'équivalence*, la similitude de segments de cercles, sur laquelle il eût été parfaitement possible de fonder, pour l'intégrer à ce livre des *Données*, une définition de ce qu'on pouvait entendre par le fait qu'un segment de cercle fût *donné d'espèce*. Au lieu de quoi, la définition 7 des *Données* ne reprend de la définition 11 du livre III que la considération de l'égalité des angles compris dans le segment de cercle, mais y ajoute la considération de la grandeur des bases, pour pouvoir caractériser le fait qu'un segment de cercle soit *donné de grandeur*. L'auteur aurait pu ajouter qu'un tel segment *donné de grandeur* était, par le fait même, *donné d'espèce*. S'il ne l'a pas fait, c'est peut-être qu'il a trouvé plus normal de ne pas accorder au *segment de cercle*, l'appartenance à une espèce qu'il avait refusé au *cercle* lui-même, celui-ci se caractérisant suffisamment par sa grandeur et sa position.

La définition 8 se contente d'ajouter, à la considération de la *grandeur* des segments de cercle, celle de leur *position*, laquelle se trouve suffisamment caractérisée, du moins à grandeur égale, par la position de la base du segment.

Les quatre définitions, de 9 à 12, se limitent aux seules grandeurs. 9 construit la relation entre les grandeurs *a* et *b* :

a est plus grande que b d'une grandeur donnée

de la manière qui se laisse noter de la façon suivante :

$$\exists x \quad (a - x = b \ \& \ x \text{ est donnée}).$$

10 construit la relation :

a est plus petite que b d'une grandeur donnée

$$\exists x \quad (a + x = b \ \& \ x \text{ est donnée}).$$

11 construit la relation :

a est plus grande à l'égard de b, d'une donnée, qu'en raison

$$\exists x \quad \left(x \text{ est donnée } \& \ \frac{a - x}{b} \text{ est donnée}\right).$$

12 construit la relation :

a est plus petite à l'égard de b, d'une donnée, qu'en raison

$$\exists x \quad \left(x \text{ est donnée } \& \ \frac{a + x}{b} \text{ est donnée}\right).$$

Les trois dernières définitions, qu'un scholie attribue à Apollonius et qui semblent donc avoir été interpolées, font retour aux seules entités géométriques. Elles enrichissent le vocabulaire propre aux données, en définissant :

Est abaissée
Est élevée
Est de juxtaposition

d'une manière dont la légitimité échappe à toute critique, sauf à remarquer que les termes ainsi introduits ne semblent guère avoir été utilisés dans les textes qui nous sont parvenus. Les éventuels utilisateurs ont dû sans doute généralement trouver plus simple de raisonner directement sur les termes mobilisés par le *definiens* que sur le *definiendum* ici proposé. On pouvait déjà en dire presque autant pour les deux définitions 11 et 12, dont Simson avoue qu'il les omet « because they cannot be given in English so as to have any tolerable sense »[1].

1. *Ibid.*, p. 464. Simson continue :

> and, therefore, wherever the terms defined occur, the words which express their meaning are made use in their place. The 13th, 14th, 15th are omitted, as being of no use.

Nous devons reconnaître ici que la difficulté d'imaginer des expressions françaises convenables pour traduire le *definiendum* de chacune de ces définitions de 11 à 15 nous a incité à reprendre purement et simplement sur ce point les expressions qu'avait proposé Peyrard (les *Œuvres d'Euclide* traduites littéralement par F. Peyrard, Paris, Patris, 1819, p. 517-518).

* * *

Les 23 propositions initiales consacrées aux grandeurs en général ressortissent à deux genres différents. Le premier, auquel appartiennent les neuf premières propositions, ainsi que les deux propositions 22 et 23, est caractérisé par le fait qu'on s'efforce d'y établir les propriétés fondamentales du prédicat *est donné* et plus particulièrement la manière dont il se communique d'un terme à l'autre, notamment à travers les opérations élémentaires. N'en citons que quelques exemples :

1. La raison entre grandeurs données est donnée, c'est-à-dire :

$$\left(\text{a est donnée \& b est donnée}\right) \Rightarrow \frac{a}{b} \text{ est donnée}$$

2. Si une grandeur donnée a une raison donnée à une autre grandeur, celle-ci est aussi donnée de grandeur, c'est-à-dire :

$$\left(\text{a est donnée \& } \frac{a}{b} \text{ est donnée}\right) \Rightarrow \text{b est donnée}$$

3. Si tant de grandeurs données qu'on voudra sont réunies, la grandeur composée de ces grandeurs sera aussi donnée, c-à-d

$$\left(\text{a est donnée \& b est donnée}\right) \Rightarrow \text{a + b est donnée}$$

8. Les grandeurs qui ont une raison donnée à une même grandeur auront aussi l'une à l'autre une raison donnée, c'est-à-dire :

$$\left(\frac{a}{b} \text{ est donnée \& } \frac{c}{b} \text{ est donnée}\right) \Rightarrow \frac{a}{c} \text{ est donnée}$$

22. Si deux grandeurs ont à une grandeur une raison donnée, elles auront aussi, prises ensemble, une raison donnée à cette même grandeur, c'est-à-dire :

$$\left(\frac{a}{b} \text{ est donnée \& } \frac{c}{b} \text{ est donnée}\right) \Rightarrow \frac{a+c}{b} \text{ est donnée}$$

Les relations ainsi énoncées sont à la fois fondamentales, à partir du moment du moins où l'on introduit dans son vocabulaire cette considération du *donné*, et *apparemment* évidentes. Le génie de l'auteur grec est notamment d'avoir compris que, si l'on s'imposait une démarche axiomatique, il fallait s'astreindre à démontrer cela même que l'on perçoit comme évident. La démonstration de ces « évidences » est menée chaque fois avec une grande rigueur ; elle mobilise en particulier quelques théorèmes du livre V des *Eléments* et s'abstient de faire appel à la moindre notion qui serait déjà proprement géométrique. Mais elle recourt aussi aux définitions 1 et 2, dont nous avons relevé le caractère abusif. Si une telle démonstration rigoureuse, malgré le caractère abusif de certains de ses points de départ, n'aboutit pas à des conséquences intuitivement choquantes, c'est, semble-t-il, tout simplement parce que l'auteur s'est servi d'un tel appareil pour établir des rélations dont l'intuition suffisait à contrôler la validité.

Ces relations sont si *évidentes*, c'est-à-dire le raisonnement les applique si spontanément et si fréquemment, que cette application reste la plupart du temps, pour l'auteur comme pour le lecteur, implicite. Il est révélateur que François Peyrard, qui, à sa traduction des *Données*, a fréquemment ajouté, entre parenthèses, la référence de la proposition antérieurement établie ou de la proposition des *Eléments* sur laquelle s'appuie le texte traduit, mentionne assez rarement, au delà de la proposition 23, les références à ces premières propositions. Disons donc que ces relations s'imposent tellement que tout auteur soucieux de raisonner en termes de *données* eût été amené à les appliquer naturellement, quand bien même l'auteur euclidien ne se fût pas inquiété d'assurer leur fondement théorique. Ce n'est donc pas du tout la fragilité dernière de ce fondement, tel que le propose Euclide, mais leur trop grande *évidence*, qui explique qu'elles ne se présenteront guère comme un secours *explicite* au service du mathématicien soucieux d'élaborer ses démonstrations.

Le reste des 23 premières propositions, à savoir de la dixième à la vingt-et-unième, se caractérise par le fait que leur énoncé déjà, et par conséquent leur démonstration, mobilisent l'une au moins des quatre définitions numérotées de 9 à 12[1]. Contentons-nous de l'exemple de la seule première moitié (de loin la plus simple!) de l'énoncé de la proposition 10:

> Si une grandeur est plus grande à l'égard d'une autre grandeur, d'une donnée, qu'en raison, toutes deux prises ensemble seront plus grandes à l'égard de la même grandeur, d'une donnée, qu'en raison,

c'est-à-dire:

$$\exists x \left(x \text{ est donnée } \& \ \frac{a - x}{b} \text{ est donnée}\right) \Rightarrow$$

$$\exists y \left(y \text{ est donnée } \& \ \frac{a + b - y}{b} \text{ est donnée}\right).$$

quelle que soit *a* et quelle que soit *b*.

La consultation des textes ultérieurs qui renverront, implicitement ou explicitement, aux *Données* d'Euclide, montrerait que de tels théo-

1. *Cf.* ci-dessus, p. 88-89.

rèmes y sont rarement évoqués. Déjà les prédicats introduits par les définitions numérotées de 9 à 12 n'apparaîtront guère dans la suite des *Données*, sinon à la proposition 86 ; à plus forte raison, leur présence se fera-t-elle assez exceptionnelle chez les continuateurs d'Euclide dans cette voie : citons les propositions 123 et 124 du livre VII de *La Collection mathématique* de Pappus, qui font état de la définition 11. Il semble par ailleurs que ces définitions aient eu, pour l'auteur des *Données*, surtout l'avantage de lui permettre de développer quelques théorèmes propres à la stricte théorie des grandeurs, à qui la complexité de leur formulation ôtait ce caractère de triviale *évidence*, dont pâtissait, si l'on peut dire, le genre que nous avons d'abord rencontré. Le deuxième genre de théorèmes a été si manifestement développé pour lui-même que déjà la partie la plus proprement géométrique de ce livre des *Données* n'éprouvera presque aucun besoin de s'y référer.

Au total, beaucoup de bruit pour rien, pensera, non sans raison, le lecteur. En effet notre examen de ces premières propositions des *Données*, restreintes à la considération des grandeurs en général, a servi surtout à nous convaincre de leur inutilité *pratique* pour le mathématicien soucieux aussi bien d'analyse que de tout autre moyen de composer ses démonstrations et d'en préparer l'agencement.

Il n'en reste pas moins que, déjà à ce niveau où la théorie des *Données* ne s'applique encore qu'aux grandeurs, les propositions s'édifient sur celles qui les précèdent. Prenons l'exemple de la proposition 22, que nous avons transcrite[1] sous la forme :

$$\left(\frac{a}{b} \text{ est donnée \& } \frac{c}{b} \text{ est donnée}\right) \Rightarrow \frac{a+c}{b} \text{ est donnée.}$$

Pour l'établir, l'auteur recourt d'abord à la proposition 8 :

$$① \quad \left(\frac{a}{b} \text{ est donnée \& } \frac{c}{b} \text{ est donnée}\right) \Rightarrow \frac{a}{c} \text{ est donnée.}$$

Mais la proposition 6 conduit à admettre :

$$② \quad \frac{a}{c} \text{ est donnée} \Rightarrow \frac{a+c}{c} \text{ est donnée.}$$

En outre, si une raison est donnée, son inverse est donnée :

$$③ \quad \frac{c}{b} \text{ est donnée} \Rightarrow \frac{b}{c} \text{ est donnée.}$$

Une nouvelle application de la proposition 8 permet d'obtenir à partir des étapes ② et ③ :

$$④ \quad \left(\frac{a+c}{c} \text{ est donnée et } \frac{b}{c} \text{ est donnée}\right) \Rightarrow \frac{a+c}{b} \text{ est donnée.}$$

1. *Cf.* ci-dessus, p. 90.

Le rapprochement de ces quatre étapes aboutit à la proposition 22. Ainsi ces théorèmes d'un nouveau genre se prêtent, tout autant que les théorèmes classiques, à une authentique construction des suivants sur les précédents.

* * *

Avec la proposition 24, le livre des *Données* aborde les grandeurs proprement géométriques, en s'appuyant désormais, non seulement sur les définitions initiales et les 23 théorèmes relatifs aux grandeurs en général, mais aussi sur l'ensemble des six premiers livres des *Eléments*. Il étudie d'abord, comme ceci avait été le cas préalablement pour les grandeurs en général, la manière dont le fait d'*être donné* se communique d'un terme à l'autre, avec cette caractéristique nouvelle que la *position*, qui n'avait aucun sens pour les grandeurs prises en général, entre en jeu avec les grandeurs proprement géométriques, pour lesquelles le prédicat *est donné*, par là même, s'enrichit.

Citons quelques exemples, les plus élémentaires, d'une telle communication ou transmission :

24. Si trois droites sont proportionnelles et que la première ait une raison donnée à la troisième, elle aura aussi une raison donnée à la deuxième ;
26. Si les extrémités d'une ligne droite sont données de position, la droite est donnée de position et de grandeur ;
27. Si l'une des extrémités d'une ligne droite, donnée de position et de grandeur, est donnée, l'autre extrémité sera aussi donnée.

Ces trois exemples suffisent à montrer que de tels théorèmes peuvent se présenter d'une manière très inégalement triviale. Le géomètre classique aura quelque mal à ne pas tenir pour fort triviales les propositions 26 et 27. En revanche on reconnaîtra facilement que la proposition 24, pour être démontrée, devra recourir à quelque théorème établissant la possibilité de trouver une moyenne proportionnelle entre deux droites, comme la proposition VI-13 des *Eléments* ; à celle-ci il n'y a pas lieu de s'étonner que la proposition 24, effectivement, fasse implicitement appel.

Quant à la proposition 28 :

> Si, par un point donné, une ligne droite est menée parallèlement à une droite donnée de position, la droite menée est donnée de position

on peut s'interroger sur ce qui la distingue de I-31 des *Eléments* :

> Par un point donné mener une ligne droite parallèle à une droite donnée ;

d'autant que ce dernier problème, comme le remarquait déjà Proclus[1], situé, comme il est, immédiatement après le théorème qui établit la transitivité de la relation de parallélisme, enveloppe la reconnaissance de l'unicité de la parallèle ainsi menée. D'ailleurs on ne s'étonnera pas que l'auteur des *Données* invoque implicitement cette proposition I-30, pour établir par l'absurde que « la droite menée est donnée de position », c'est-à-dire qu'il ne peut y en avoir d'autre. Disons que la proposition 28 apparaît comme une sorte de conséquence affaiblie des théorèmes 30 et 31 du livre I des *Eléments*.

Certaines propositions qui semblent avoir le même contenu dans les *Eléments* et dans les *Données* correspondent pourtant parfois à des situations gnoséologiques assez différentes. C'est par exemple le cas pour V-22 des *Eléments* et 82 des *Données*. V-22 disait que

> s'il y a autant de grandeurs qu'on voudra et d'autres égales en nombre et que ces grandeurs, prises deux à deux, aient la même raison, elles auront aussi la même raison par égalité ;

ce qui, si l'on se limite à trois grandeurs initiales, *a*, *b* et *c* peut s'écrire :

$$\left(\frac{a}{b}=\frac{d}{e}\ \&\ \frac{b}{c}=\frac{e}{f}\right) \quad \Rightarrow \quad \frac{a}{c}=\frac{d}{f}$$

les variables *a*, *b*, *c*, *d*, *e* et *f* étant toutes quantifiées universellement. Passons sur la différence superficielle qui tient d'abord à ce que la proposition 82 des *Données* ne généralise pas la formulation de son théorème au delà du nombre restreint de grandeurs dans lequel l'auteur des *Eléments* avait d'ailleurs lui-même enfermé sa démonstration, mais qui tient surtout à ce que l'auteur des *Données* ne considère plus l'ensemble des grandeurs en général, mais celui des seules lignes droites :

> 82. Si quatre droites sont proportionnelles, la première sera à celle avec laquelle la deuxième a une raison donnée,

1. *Cf.* Heath, *The thirteen books of Euclid's Elements*, vol. I, p. 316.

comme la troisième à celle avec laquelle la quatrième a la raison donnée

ce que nous pourrions noter, en reprenant, pour désigner les *droites*, les mêmes lettres par lesquelles nous avons, pour V-22, désigné des *grandeurs* :

$$\left(\frac{a}{b} = \frac{d}{e} \ \& \ \frac{b}{c} \text{ est donnée}\right) \Rightarrow \exists f \left(\frac{b}{c} = \frac{e}{f} \ \& \ \frac{a}{c} = \frac{d}{f}\right)$$

les variables *a*, *b*, *c*, *d* et *e* étant quantifiées universellement. La différence avec V-22 est qu'ici on ne se *donne* plus initialement deux proportions, mais une proportion $\left(\frac{a}{b} = \frac{d}{e}\right)$ et une raison $\left(\frac{b}{c}\right)$. A partir de cette raison un recours à VI-12 des *Eléments* permettra de construire la seconde proportion $\left(\frac{b}{c} = \frac{e}{f}\right)$, puis d'appliquer V-22 au rapprochement des deux proportions pour en tirer : $\frac{a}{c} = \frac{d}{f}$. Ainsi la proposition 82, tout en s'appuyant sur V-22, dit quelque chose que celle-ci ne pouvait même pas dire, faute du vocabulaire qui eût permis d'exprimer, autrement que métalinguistiquement, qu'*une raison est donnée*. On voit comment la différence de vocabulaire entre géométrie classique et théorie des *Données* peut rendre à peu près intraduisible, de la seconde à la première, des propositions pourtant étroitement apparentées.

La distance entre géométrie classique et théorie des *Données* peut tenir à des raisons dont le caractère fondamental est encore plus frappant, si l'on admet que l'auteur des *Eléments* est le même que celui des *Données*. Quoi qu'il en soit de ce problème d'identité, observons par exemple que l'auteur des *Eléments*, en retardant jusqu'au livre V l'introduction de la proportion, est amené à n'étudier la *similitude* des triangles qu'au livre VI, alors qu'il a étudié leur *égalité* dès le livre I. En revanche l'auteur des *Données* considère d'abord les cas où le triangle et les autres polygones sont *donnés d'espèce* (de 39 à 47), avant d'envisager ceux où ils sont à la fois *donnés d'espèce et de grandeur*, adoptant ainsi, avec autant de logique que l'auteur des *Eléments*, l'ordre exactement inverse.

***

Comme tout traité classique de mathématiques, le livre euclidien des *Données* est naturellement ouvert à un nombre infini d'autres théorèmes que ceux que l'auteur grec a pris la peine d'exposer. De ces suites ultérieurement ajoutées, on trouve des traces à l'intérieur de *La*

Collection mathématique de Pappus. Au chapitre VII du livre IV est énoncé, par exemple, le théorème suivant[1] :

> Si l'on a trois cercles donnés de position et de grandeur qui se touchent naturellement, le cercle qui les enveloppe sera aussi donné de grandeur

dont la démonstration amène l'auteur à élaborer préalablement trois lemmes numérotés 7, 8 et 9, qui sont eux-mêmes rédigés en termes de *Données*.

Nous avons déjà eu l'occasion de mentionner[2] le traité d'Ibn al-Haytham intitulé *Sur les connus*, qui comporte, après une assez longue introduction, deux parties, contenant chacune 24 propositions. De la première partie l'auteur dit lui-même :

> Ce sont des notions qu'aucun des Anciens n'a exposées, et ils n'ont rien exposé de ce genre[3],

tandis qu'il dit de la seconde :

> Elle est du même genre que ce qui a été exposé par Euclide dans son livre des *Données*, bien que rien de cette partie ne se trouve dans le livre des *Données*[4].

Cette seconde partie se situe effectivement dans la succession du traité d'Euclide, auquel on peut donc dire qu'il ajoute un certain nombre de théorèmes nouveaux. En ce qui concerne la première partie en revanche, sans doute y retrouve-t-on le vocabulaire euclidien des *Données*, comme le montre l'énoncé de la première proposition de la première partie[5] :

> Si on mène d'un point de position connue une droite de grandeur connue, alors son extrémité sera sur la circonférence d'un cercle de position connue ;

lequel est une sorte de transposition, dans le style des *Données*, du troisième postulat des *Eléments* d'Euclide :

> Pour un centre quelconque à une distance quelconque décrire un cercle ;

1. Trad. Ver Eecke, tome premier, p. 144.
2. Ci-dessus, p. 47-48.
3. Éd. Roshdi Rashed, p. 150. Il semble bien qu'ici « connu » soit un parfait synonyme de « donné ».
4. *Ibid.*, p. 212.
5. *Ibid.*, p. 150.

transposition dans laquelle il faut noter la distinction, permettant ensuite l'articulation, entre *donné de grandeur* et *donné de position*.

Mais la facilité même d'une telle transposition donne l'impression que l'usage qui est fait ici du vocabulaire propre à la théorie des *Données* reste extrêmement superficiel. Il semble, à la lecture de cette première partie, que certaines propositions du contenu géométrique le plus classique y aient été introduites par un auteur qui n'a pas toujours su distinguer l'usage métalinguistique, que le géomètre fait habituellement du mot « donné », de son intégration au langage direct, dont nous avions vu qu'elle seule était caractéristique de cette théorie des *Données*.

Une telle situation se trouve aux propositions 11, 15, 16 et 22 de la première partie[1]. La proposition 11 n'a même rien dans son vocabulaire qui permette de la distinguer d'un théorème classique de géométrie :

> Si on mène entre deux cercles égaux une droite parallèle à celle qui joint les centres de ces deux cercles, de sorte que ses extrémités soient dans deux directions semblables, alors cette droite est égale à la droite qui est entre les deux centres.

Quant aux propositions 15 et 16, sans doute leurs énoncés mobilisent-ils le mot « connu », mais ils le font d'une manière si manifestement métalinguistique que rien non plus ne les distingue authentiquement de l'énoncé d'un théorème de géométrie ordinaire, comme on peut en juger pour la seconde d'entre elles :

> Si on mène de deux points *connus*[2], deux droites jusqu'à <la circonférence> d'un cercle *connu*, qu'elles se coupent en un point à l'intérieur du cercle et qu'elles se partagent au point de l'intersection selon un même rapport, alors les deux premiers points sur lesquels les deux droites ont coupé le cercle sont sur la circonférence d'un cercle qui passe par les deux points *connus*.

La proposition 22 a ceci de caractéristique que son énoncé de forme hypothétique *(si..., alors...)* a un conséquent formé de la conjonction de deux termes dont le premier exprime dans le style des *Données* ce que le second indique avec le simple vocabulaire de la géométrie classique :

1. *Ibid.*, p. 178, 186, 188 et 202.
2. Dans cette citation, comme dans la suivante, c'est nous-même qui mettons en italique le mot « connu » et ses composés.

> Si dans un cercle *de grandeur et de position connues*, on mène un diamètre *de position connue*, sur lequel on suppose deux points de part et d'autre du centre, tels que leurs distances au centre soient deux distances égales, et si on mène de ces deux points d'une manière quelconque deux droites qui se rencontrent en un point sur la circonférence du cercle, alors la somme de leurs deux carrés est *connue* et égale à la somme des carrés des deux parties du diamètre.

Mais, tout énoncé mis à part, il est encore plus révélateur que les démonstrations de ces quatre propositions 11, 15, 16 et 22 ne s'appuient que sur des théorèmes de géométrie classique, sans le moindre recours à un quelconque théorème de théorie des *Données*.

Le traité d'Ibn al-Haytham *Sur l'analyse et la synthèse*, que nous avons aussi déjà mentionné[1] et sur lequel nous aurons d'autant plus à revenir qu'il traite notamment de la manière dont ces théorèmes des *Données* peuvent être utilisés par le mathématicien, s'ouvre[2] sur trois théorèmes appartenant à ce genre, que l'auteur place ici en tête, parce qu'il aura besoin de s'appuyer sur eux dans les exemples qui lui serviront ensuite à illustrer l'usage de l'analyse et de la synthèse, qui constitue le sujet propre de son traité.

* * *

Revenons sur une remarque trop rapidement esquissée au début de ce chapitre : la manière dont nous avons caractérisé la théorie des *Données*, aussi bien que les exemples, empruntés à Euclide, à Pappus ou à Ibn al-Haytham, dont nous avons essayé de l'illustrer, ont mis en lumière qu'une telle théorie exclut le genre du *problème*, qu'elle ne peut être composée que de *théorèmes*, qui nous disent à l'indicatif que, si telles ou telles choses sont données, alors telles ou telles autres choses seront données. Certes, les auteurs de ces traités pourront appuyer leurs démonstrations aussi bien sur des problèmes que sur des théorèmes classiques ; rien donc ne leur interdirait éventuellement d'insérer, au milieu de leurs théorèmes de *Données*, la solution d'un problème dont ils auraient besoin pour leurs démonstrations. Il n'en reste pas moins que les propositions proprement caractérisées par l'intégration au lan-

1. *Cf.* ci-dessus, p. 16.
2. Éd. Roshdi Rashed, p. 68-69, 72-73 et 76-77. En particulier le théorème <1> servira à l'analyse du problème <20> (p. 172-173) et le théorème <3> à celle du problème <21> (p. 180-181).

gage direct des prédicats que nous avons mentionnés ne s'accommodent que du genre littéraire du *théorème*.

C'est en effet une propriété essentielle des prédicats qui s'expriment ainsi par le passif du verbe *donner* que de conférer la forme *théorématique* à un contenu qui, avant ou sans eux, serait de présentation *problématique*. Pour le dire plus simplement, le propre du vocabulaire de la théorie des *Données* est d'exprimer à l'indicatif ce qui, à défaut, devrait s'écrire avec cet infinitif qui tient classiquement lieu d'impératif au mathématicien. Ainsi s'explique que Robert Simson, dans son édition anglaise des *Données*, ait pu de temps en temps faire suivre un théorème propre à cette théorie des *Données* par le problème classique qui y correspond. Pour n'en fournir qu'un exemple, les propositions 48 et 49 des *Données* :

> Si deux triangles (ou *figures rectilignes*) donnés d'espèce sont décrits sur la même ligne droite, ils auront une raison donnée l'un à l'autre

sont chacune suivies de l'énoncé et de la solution du problème, d'une certaine manière équivalent, quoique étranger à la théorie elle-même des *Données* :

> Trouver la raison de deux triangles (ou *figures rectilignes*) donnés d'espèce et qui soient décrits sur la même ligne droite.

* * *

Si nous nous sommes assez longuement attardé, dans les pages qui précèdent, à rendre compte du contenu de la théorie euclidienne des *Données*, c'est que nous voulions souligner cette situation à première vue paradoxale, que cette théorie, que tous les auteurs s'accordent à rattacher au *champ de l'analyse*, voire au *trésor de l'analyse*, pour reprendre les termes mêmes de Pappus, ne comporte *en elle-même* strictement rien d'analytique.

Nous avons vu en effet que l'originalité de l'auteur des *Données* tenait à ce que, sans ajouter d'axiomes ou de postulats à ceux que contenaient déjà les *Eléments*, qu'il lui suffisait donc de conserver, il pouvait enrichir le vocabulaire de la géométrie par introduction d'un certain nombre de termes indéfinis et de définitions supplémentaires. Dans ces limites, la constitution du livre des *Données* relevait tout aussi rigoureusement du genre de la synthèse que les livres des *Eléments* eux-mêmes. Robert Simson le souligne dans la brève préface à sa traduction des *Données*, lorsqu'il explique[1] qu'il n'a pas repris la préface de Marin de Neapolis, qui précédait traditionnellement l'édition grecque des *Données*, parce qu'elle ne contribue nullement à les éclairer :

> Il dit, explique Simson, qu'Euclide n'a pas utilisé la méthode synthétique, mais la méthode analytique pour leur présentation ; ce en quoi il s'est totalement trompé ; car, dans l'analyse d'un théorème, la chose à démontrer est d'abord admise ; mais, dans les démonstrations des *Données*, la chose à démontrer, qui est que telle ou telle chose est donnée, n'est jamais présupposée dans la démonstration ; ce qui manifeste que tout est démontré synthétiquement.

Or que la construction du livre des *Données* ressortisse intégralement au genre de la synthèse, n'empêche pas Simson, à la page précédente, de souligner l'importance de ce livre « dans l'analyse ou investigation d'un problème » jusqu'à inaugurer sa propre préface par la déclaration suivante :

> Les *Données* d'Euclide sont dans l'ordre le premier des livres écrits par les géomètres anciens pour faciliter et promouvoir la méthode de résolution ou analyse.

La confusion, dont ce texte, toujours aussi lucide, de Robert Simson nous invite à nous dégager, tient donc au simple fait que la théorie euclidienne des *Données*, bien qu'elle soit élaborée *au service de l'analyse*, c'est-à-dire de l'exploration préliminaire à la solution des problèmes ou à la démonstration des théorèmes, est néanmoins elle-même construite selon les canons de la plus classique synthèse.

Revenons à notre exemple, emprunté au livre XIII des *Eléments*, de l'inscription du dodécaèdre dans une sphère de diamètre *donné*. Que la construction des différents livres des *Données*, élaborés dans la tradition grecque, ou plus tard dans la tradition arabo-islamique, ait été proprement synthétique ne peut empêcher de voir que, si le diamètre de la sphère *était donné*, le diamètre du cube inscrit l'était aussi, et que, si ce diamètre du cube *était donné*, l'arête de ce cube l'était aussi et qu'enfin, si l'arête de ce cube *était donnée*, l'arête du dodécaèdre inscrit dans la sphère l'était aussi ; pas plus qu'il n'eût empêché de remonter dans l'autre sens la chaîne de ces équivalences de l'arête du dodécaèdre jusqu'au diamètre de la sphère. Pour en comprendre la possibilité, il suffit de savoir distinguer les niveaux du langage.

1. *The Elements of Euclid*, also the *Book of Euclid's Data*, p. 366.

* * *

Il nous reste encore à étudier les circonstances dans lesquelles un auteur grec, ou, plus tard, islamo-arabe, pouvait être amené à recourir à cette théorie des *Données*, sans se contenter du vocabulaire mathématique dans les limites duquel s'étaient tenus l'auteur des *Eléments* lui-même, après lui encore Archimède et presque toujours Apollonius.

La première considération qui vienne à l'esprit, et fort légitimement, est que l'idéal du mathématicien de tradition grecque est de communiquer la démonstration des théorèmes qu'il énonce et celle de la solution qu'il donne aux problèmes qu'il a posés, mais qu'il n'a pas à nous éclairer sur la manière dont il a pu obtenir des démonstrations et solutions, sinon peut-être dans ces traités métathéoriques que sont, par exemple, d'une manière d'ailleurs très différente l'une de l'autre, les *Données* d'Euclide ou la *Méthode relative aux propositions mécaniques* d'Archimède.

Mais il y a encore autre chose: la difficulté inhérente à certains problèmes peut inciter un mathématicien à ne pas se contenter d'en communiquer la solution, mais à nous indiquer de surcroît la méthode par laquelle il a pu accéder à cette solution et grâce à laquelle on pourra à l'avenir accéder à la solution de problèmes analogues. Reconnaissons cependant qu'une telle démarche ne vaut que pour les problèmes et théorèmes qui comportent au moins un certain degré de difficulté.

L'auteur des *Eléments* lui-même aurait très bien pu construire un équivalent en termes de *Données* de chacun des problèmes par lui abordés et résolus. Pour nous en tenir à l'exemple de la première proposition du premier livre, il aurait pu substituer, au problème de *construire un triangle équilatéral sur une droite donnée*, le théorème selon lequel *si une droite est donnée, un triangle équilatéral dont elle soit l'un des côtés est donné*, dont la démonstration eût seulement exigé un recours supplémentaire aux définitions du livre des *Données*, notamment aux définitions 3 et 6[1].

Mais l'exemple que nous venons d'évoquer suggère évidemment la réponse à la question qui se pose naturellement ici. Peu importe qu'il eût été possible de formuler un équivalent de I-1, en enrichissant de cette notion de *donné* le vocabulaire direct de la proposition. Il suffit qu'un tel recours eût été inutile, que l'auteur pût en dire pratiquement autant, en se contentant d'un vocabulaire plus réduit, pour que cet auteur eût éprouvé la nécessité de ne pas franchir les frontières de ce vocabulaire réduit. Ainsi on peut immédiatement comprendre que, dans

1. *Cf.* ci-dessus, p. 87 et 88.

les limites des problèmes aussi fondamentalement simples que ceux qu'ils rencontraient aux treize livres des *Eléments*, les mathématiciens grecs aient ressenti, avec le pouvoir, le devoir, de s'en tenir à ce minimum suffisant de moyens syntaxiques. Si donc Euclide a par ailleurs pris la peine de mettre en forme cette théorie des *Données*, à laquelle ses *Eléments* s'étaient rigoureusement abstenus de recourir, ce ne pouvait être que pour les besoins que devait en éprouver le géomètre au delà de ce niveau *élémentaire*.

* * *

Prenons donc l'exemple d'un de ces problèmes auxquels ne suffisaient plus les simples ressources des *Eléments*. Nous l'emprunterons à Pappus, notable illustrateur de cette théorie des *Données*. La proposition 13 du livre VIII de sa *Collection mathématique* demande de déterminer l'ellipse qui passe par cinq points *donnés* d'un même plan. Que ces cinq points soient *donnés* implique que toute droite qui relie deux quelconques d'entre eux soit *donnée de position*, que leurs distances deux à deux soient *données de grandeur*. La considération de telles données initiales engagera à son tour Pappus dans un jeu de *raisons données*, qui, de fil en aiguille, l'amènera à conclure que le *diamètre* et ce que nous appelons aujourd'hui le *paramètre* de l'ellipse cherchée lui sont en fin de compte *donnés*. Il lui suffit alors de se référer à la caractérisation, qu'avait fournie Apollonius à la proposition 13 du livre I de ses *Coniques*, de l'ellipse à partir de son diamètre et de son paramètre, pour établir que l'ellipse elle-même lui est dans ces conditions effectivement *donnée*.

L'avantage de cet exemple emprunté à Pappus sur celui du livre XIII des *Eléments*, que nous avions évoqué à la fin du chapitre précédent et au début de celui-ci, est évidemment que nous l'avons reproduit tel quel, comme nous l'avons trouvé chez son auteur, sans avoir eu besoin de procéder à une reconstitution de la manière dont l'auteur lui-même avait pu et dû constituer ses constructions et démonstrations.

Que, *si telle chose* (grandeur quelconque, voire raison) *est donnée, telle autre chose soit donnée* signifie évidemment que la seconde *est calculable* ou *constructible* à partir de la première, sans que cette formulation, à elle seule, contienne les moyens de la calculer ou de la construire, même si la démonstration de cette calculabilité ou constructibilité s'appuie généralement elle-même, directement ou indirectement, sur l'indication des voies suivant lesquelles elle se laisse calculer ou construire. Ainsi la théorie des *Données* voit son efficacité assortie d'une faiblesse : son efficacité est d'établir que telle chose est calculable ; sa faiblesse de ne pas communiquer explicitement la manière dont on la calcule. Cette faiblesse n'est elle-même identifiable que par comparaison avec ce que permet notre écriture algébrique, héritée de Viète, laquelle nous livre des formules qui n'établissent la possibilité de calculer que parce qu'elles nous donnent d'emblée la manière dont on calcule. Mais ceci est une autre question que nous aurons à aborder au chapitre suivant. Contentons-nous ici de reprendre l'exemple de la proposition VIII-13 de *La Collection mathématique*, pour souligner que le recours à la notation algébrique eût permis d'y obtenir la valeur du paramètre et du diamètre *en fonction de* la position respective des cinq points initialement donnés, alors que la théorie des *Données* permettait seulement d'établir que ces valeurs *sont fonction de* cette position respective.

Ce rôle qu'a rempli la théorie des *Données*, en particulier dans le traitement des sections coniques, et, si l'on peut dire, à défaut des moyens plus étendus que garantira l'écriture algébrique, ne doit pas nous masquer l'intérêt, que pouvait encore avoir le mathématicien grec, à s'en tenir au vocabulaire restreint, traditionnel depuis les *Eléments*, chaque fois que la chose s'avérait possible, ce qui pouvait être le cas même dans ce traitement des sections coniques.

Ainsi, peu après la proposition VIII-13, Pappus aborde le problème de trouver les axes d'une ellipse, connaissant seulement, de celle-ci, des diamètres conjugués quelconques. Il est révélateur qu'il ne songe pas, à cet effet, à faire le moindre appel à la théorie des *Données* ; ceci pour la raison, que lui-même prend la peine d'indiquer, qu'« il est facile de <les> trouver instrumentalement »[1] (ὀργανικῶς), ce que Paul Ver Eecke, en note, commente en ces termes :

> (par construction) au moyen d'instruments (règle et compas).

Pappus ne donne alors à son problème d'autre réponse que la construction effective à la règle et au compas des deux axes de l'ellipse à partir de deux diamètres conjugués supposés quelconques. Le recours aux *Données* aurait ici d'autant moins utilement compliqué le problème que le résultat ainsi obtenu n'eût été qu'une conséquence affaiblie de cette pure et simple construction.

* * *

1. *La Collection mathématique*, trad. Ver Eecke, tome second, p. 851.

La remarque que nous venons de faire et l'exemple dont nous l'avons illustrée ne devrait cependant pas nous conduire à la conclusion que, chaque fois que la solution du problème pouvait se construire à la règle et au compas, l'auteur grec n'eût eu que faire de la théorie des *Données*. Pour nous convaincre du contraire, il nous suffirait de l'exemple de la proposition 7 du même livre VIII de *La Collection mathématique*[1] :

> Soient donnés de position les droites AB et AC ainsi que le point B et soit menée la droite CD, ayant ses extrémités sur AC et AB, en sorte que la raison de AC à BD soit donnée. Démontrer que le centre de gravité du triangle ACD est sur une droite donnée de position.

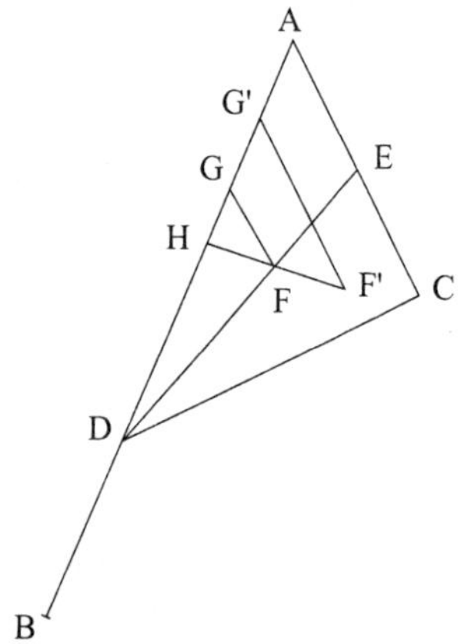

Désignons par a la grandeur donnée du segment AB et par $\frac{a}{b}$ la raison donnée de AC à BD.

La solution se laisserait construire à la règle et au compas de la manière suivante :

1) je détermine sur AB le point H, tel que $AH = \frac{a}{3}$

2) par un point G' pris sur la droite HA à une distance d quelconque du point H je mène la parallèle G'F' à AE ;

3) je détermine sur G'F' le point F' tel que $\frac{G'F'}{d} = \frac{a}{b}$;

4) je mène, du point H au point F', la droite HF' sur laquelle se trouvera le centre de gravité du triangle ACD.

Cette construction une fois réalisée, il resterait évidemment à montrer qu'elle satisfait au problème, c'est-à-dire que le centre de gravité du triangle ACD est bien sur la droite ainsi construite HF', ce qui exigerait des constructions complémentaires auxquelles Pappus en tout état de cause devra lui-même recourir.

1. Nous ne reprenons pas ici la traduction de Paul Ver Eecke, *ibid.*, p. 828, qui nous paraît au moins maladroite.

Pappus donc, au lieu de livrer directement une telle construction de la solution, suivie de la démonstration de sa validité, préfère établir, sur la base de la théorie des *Données*, la simple possibilité de cette construction. Il porte sur sa figure la droite AC inconnue de grandeur, son milieu E inconnu de position, la droite DE, elle-même inconnue de grandeur et de position, ainsi que le point F, pris aux deux tiers de DE, désignant ainsi le centre de gravité, inconnu, du triangle ACD ; il y porte encore la parallèle FG menée à la droite AC par ce point inconnu, de ce fait elle-même inconnue de grandeur et de position. Il marque le point H tel que AH = $\frac{1}{3}$ AB ; d'où une première donnée :

① *AH est donnée, puisque AB est donnée.*

Pappus fait alors observer que, AG étant le tiers de AD (puisque EF est le tiers de ED), la droite GH (c-à-d AH – AG) est aussi le tiers de BD (c-à-d AB – AD). Mais GF est les deux tiers de AE, donc le tiers de AC. Par conséquent

② *la raison de GH à GF est égale à la raison, donnée, de BD à AC.*

Or l'angle HGF, égal à HAC, étant donné

③ *le triangle HGF est donné d'espèce*

Donc

④ *l'angle GHF est donné de grandeur*

et, puisque le point H est donné de position,

⑤ *la droite HF, sur laquelle se trouve le centre de gravité, est donnée de position.*

Qui ne voit que ce recours aux *Données* n'est devenu pour les modernes inutile, et de ce fait fastidieux, que parce que ces derniers disposent, depuis Viète, d'une manière de faire apparaître immédiatement ce qui est inconnu et ce qui est donné, sans qu'il soit besoin d'en énoncer explicitement la distinction ? Désignons la droite de grandeur donnée AB par *a*, le côté de grandeur inconnue AC par *x*, la raison donnée $\frac{\text{AC}}{\text{BD}}$ par $\frac{a}{b}$, dont nous tirerons que BD = $\frac{b}{a}x$; AE deviendra $\frac{x}{2}$.

Reprenons les deux premières des cinq étapes de la démonstration précédente. Elles deviendront :

① $\text{AH} = \frac{\text{AB}}{3} = \frac{\text{a}}{3}$

et comme

$$GH = AH - AG$$

et que

$$AG = \frac{AD}{3} = \frac{AB}{3} - \frac{BD}{3} = \frac{a}{3} - \frac{b}{3a}x$$

on aura

$$GH = \frac{b}{3a}x.$$

Or

$$GF = \frac{2}{3}AE = \frac{1}{3}AC = \frac{x}{3}$$

Donc

② $$\frac{GH}{GF} = \frac{b}{a}$$

Sur la base de ces deux résultats, nous sommes maintenant en état de justifier la construction que nous avions initialement proposée.

La comparaison entre la solution, proposée par Pappus, qui recourt à la théorie des *Données*, et celle qui se passe d'un tel recours, permet de comprendre d'abord pourquoi le mathématicien grec, pour ce problème qui ne relevait que de la règle et du compas, avait néanmoins fait appel à cette théorie des *Données*. En tout état de cause, la solution devait en effet ici s'appuyer sur la considération du segment AC, lequel n'était pas lui-même donné, mais dont n'était donnée que la raison à BD. Or GH était, dirions-nous aujourd'hui, *fonction de AC*, c'est-à-dire, en notation moderne, *fonction de x*; et GF était une autre *fonction de x*, ce qui n'empêchait pas la raison de GH et GF de s'avérer elle-même en fin de compte effectivement *donnée*. Dans ces conditions, les ressources du vocabulaire des *Données* permettaient de tourner la difficulté, qui tenait à ce que l'auteur grec ne disposait d'aucun moyen scripturaire de noter directement la fonction elle-même, le temps de la prendre en considération.

Telle pouvait être, telle fut longtemps, jusqu'à l'aube du XVIIe siècle, la contribution apportée à l'analyse, c'est-à-dire à la préparation *analytique* de la construction et de la démonstration des théorèmes et solutions, par la théorie des *Données*, dont l'élaboration, loin d'être elle-même *analytique*, s'accordait pleinement aux canons de la plus traditionnelle synthèse.

CHAPITRE V

LES DEUX FORMES D'ANALYSE IMPLIQUÉES DANS LA DÉMARCHE CARTÉSIENNE

La théorie des *Données* était donc de nature proprement synthétique, non pas seulement parce que son auteur l'avait axiomatiquement construite, mais avant tout parce qu'elle procédait essentiellement de ce qui était initialement donné à ce qui ne l'était pas encore, pour établir que ce dernier, par voie de conséquence à partir du premier, pouvait être lui aussi considéré comme *en fin de compte* donné.

Au lieu de quoi, la distinction scripturaire, introduite par Viète et reprise par beaucoup d'autres, dont Descartes à sa propre manière, allait permettre deux réformes indissociablement liées l'une à l'autre :

1) d'abord l'adoption d'une démarche proprement analytique opérant à partir de tout, qu'il fût ou ne fût pas donné, comme le décrit le célèbre passage de la *Géométrie*[1] :

> Ainsi voulant résoudre quelque problème on doit d'abord le considérer comme déjà fait, et donner des noms à toutes les lignes qui semblent nécessaires pour le construire [...] Puis [...] on doit parcourir la difficulté selon l'ordre qui montre, le plus naturellement de tous, en quelle sorte elles dépendent mutuellement les unes des autres...

2) ensuite l'abandon de la distinction entre *donné* et *non donné* au seul domaine du métalangage, puisque les noms attribués aux lignes l'étaient

1. *Œuvres de Descartes*, publiées par Charles Adam et Paul Tannery, Vrin, Paris, tome VI, p. 372.

> aussi bien à celles qui sont inconnues qu'aux autres ; sans considérer aucune différence entre ces lignes connues et inconnues ;

abandon qui n'entraînait pas le moindre renoncement aux bénéfices d'une telle distinction, mais au contraire rendait celle-ci si visible qu'elle n'avait plus besoin d'être dite, puisqu'elle était immédiatement révélée par le simple choix des lettres.

Sans doute avons-nous déjà rencontré précédemment de nombreux exemples, où l'auteur ancien, en particulier le géomètre, était amené par sa procédure analytique à faire explicitement état de points, de segments ou de droites indéfinies, qu'il représentait effectivement sur sa figure, ce à un moment de son discours où essentiellement il ne pouvait savoir quels ils étaient et où il devait les placer, puisque c'était l'objet même de sa recherche. C'était le cas pour le diamètre CG de la section conique, envisagé à la proposition 44 du livre II d'Apollonius[1], pour le segment DE envisagé à la proposition 218 du livre VII de Pappus[2], ou encore pour le segment CD envisagé à la proposition 7 du livre VIII de la même *Collection mathématique*[3]. Mais ceci obligeait le géomètre à raisonner sur une figure arbitraire, c'est-à-dire dont il était incapable de tout justifier au moment où il en faisait état, pourvu qu'elle pût évoquer les propriétés essentielles sur lesquelles, en dépit de tout, son raisonnement pouvait néanmoins s'appuyer. Autrement dit, l'usage de telles figures dans une procédure analytique présupposait que l'auteur de la démonstration et, après lui, son lecteur, pussent dissocier spontanément, naturellement, dans la figure, ce qui était essentiel, de ce qui était arbitraire et qui probablement eût été faussement représenté, si l'auteur n'avait après coup rectifié sa figure en fonction de ce que lui avait appris le résultat terminal.

Le principe de la double écriture dispensait entièrement de tels artifices, ou de tels sous-entendus. Le mathématicien n'y était plus assujetti au devoir d'appuyer son raisonnement sur des figures largement arbitraires. Une simple innovation scripturaire permettait de désigner aussi bien le non-donné que le donné, chacun identifiable en tant que tel. Un terme était mis aux confusions dont les anticipations géométriques n'étaient évidemment pas à l'abri, puisqu'elles ne pouvaient *représenter* ce qui n'était pas encore *donné* sans lui prêter déjà des propriétés, de

1. *Cf.* ci-dessus, p. 64-65.
2. *Cf.* ci-dessus, p. 65-66.
3. *Cf.* ci-dessus, p. 104-106.

grandeur ou de position. On pouvait désormais inclure dans le raisonnement tous les éléments qui y étaient impliqués, comme si tous étaient donnés, sans que cette unification des traitements et procédures entraînât, à n'importe quel moment, le moindre risque de confusion sur le statut exact de chacun d'eux. Ceci d'autant plus que la distinction entre *donné* et *non donné* s'étendait de proche en proche, depuis les désignations élémentaires, aux expressions composées à partir de celles-ci, puisqu'on voyait immédiatement si les objets progressivement élaborés étaient eux-mêmes ou non donnés selon que leur désignation ne comportait pas la moindre inconnue, ou qu'il en demeurait au contraire au moins une.

* * *

Descartes, comme on sait, au premier livre de sa *Géométrie*, a illustré cette nouvelle analyse considérée à un niveau d'abord relativement élémentaire, par le problème de géométrie plane mentionné au livre VII de *La Collection mathématique* de Pappus [1], sur lequel lui-même reconnaissait, dans sa correspondance avec Stampioen et avec Mersenne, que Golius avait attiré son attention à une époque qu'Adam et Tannery situent vers le commencement de décembre 1631 [2].

Le *problème de Pappus* présentait en effet cet intérêt qu'on pouvait, à partir de sa version élémentaire, en développer une infinité d'autres, dont la complexité croissante allait ensuite suggérer une classification qui, dans l'esprit de Descartes, pût s'appliquer à l'ensemble des problèmes de géométrie. Mais, dans l'immédiat, cette version élémentaire elle-même, pour trois ou quatre droites, dans la mesure où elle se laissait réduire à une équation du second degré, permettait d'illustrer le caractère décisoire de la méthode, dont le début du livre I de *La Géométrie* avait fourni d'avance la justification.

Le *problème de Pappus* à quatre droites, tel que l'envisagent les deux premiers livres de *La Géométrie*, peut s'exprimer de la manière suivante :

> trouver le lieu des points tels que, si l'on mène, de chacun, des droites qui rencontrent respectivement sous des angles donnés quatre lignes droites données de position, le produit de deux segments joignant ainsi le point à deux de ces dernières soit égal

1. Traduction Ver Eecke, tome second, p. 507 et s.

2. *Œuvres de Descartes*, Adam et Tannery, tome I, p. 275, 278 et 288. *Cf.* aussi ce qui semble être la réponse de Descartes à Golius, *ibid.*, p. 232-236. Le tout est encore confirmé par le témoignage, il est vrai tardif et indirect, de Leibniz, *Philosophische Schriften*, édition Gerhardt, vol. 4, p. 316.

> au produit des deux segments qui joignent le point aux deux autres.

La formulation dont usait Pappus pouvait sembler un peu plus générale, en ce qu'elle faisait état entre les deux produits [1], non pas d'une relation d'égalité, mais d'un rapport donné quelconque. Descartes fait confiance à son lecteur pour comprendre qu'il importe peu dans le cas présent

> que ce qui est produit par la multiplication d'une partie de ces lignes soit égal à ce qui est produit par la multiplication des autres, ou bien qu'ils aient quelque autre proportion donnée: car cela ne rend point la question plus difficile [2].

Quant à passer du problème à quatre lignes au problème à trois lignes, il suffisait à cet effet de considérer le rapport (égalité ou non) que le produit de deux segments joignant le point à deux des trois droites avait au carré du segment qui le joignait à la troisième.

Dans un premier temps, avant de s'attaquer au lieu lui-même, on pouvait se contenter d'en trouver quelques valeurs point par point, c'est-à-dire de déterminer un ou plusieurs points du plan qui répondissent aux conditions énoncées. Une telle démarche, pédagogiquement déjà, s'imposait d'autant plus à Descartes que cette version simplifiée du problème devait aboutir à une équation du second degré à une seule inconnue. Ainsi, parmi toutes les formes que pouvait revêtir le *problème de Pappus*, Descartes devait commencer par celle qui illustrait les propos du début de sa *Géométrie* concernant, selon le sous-titre du livre I, les «problèmes qu'on peut construire sans y employer que des cercles et des lignes droites».

Il part donc de la supposition du problème résolu, ou plutôt, dans son vocabulaire, de «la chose comme déjà faite»: soient les quatre droites AB, AD, EF et GH données de position, et soient donnés quatre angles dont les angles CBA, CDA, CFE, et CHG de la figure auront à prendre les valeurs respectives.

1. Evidemment, pour un Grec, il ne pouvait être question de *produit* de deux segments, mais de *rectangle* construit à partir de ces deux segments.

2. *Œuvres de Descartes*, Adam et Tannery, tome VI, p. 382.

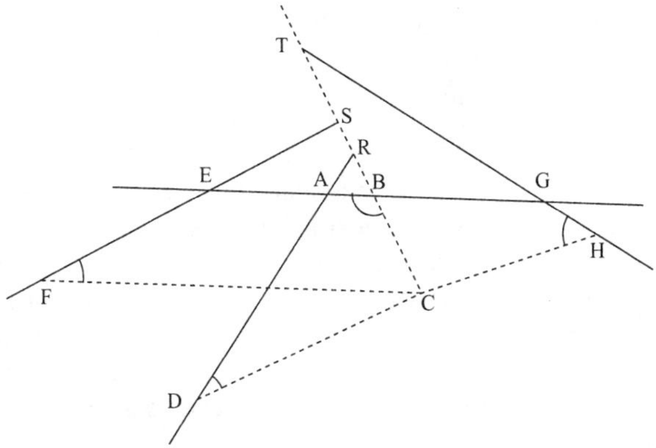

Supposons que nous ayons trouvé un point C accordé aux conditions précédentes, et tel en outre que le segment CB multiplié par le segment CF soit égal au segment CD multiplié par CH. La démarche cartésienne, dans la mesure où elle part de la supposition du problème résolu et doit raisonner sur une figure où est représentée la solution qu'on ignore (la position du point C), est ainsi manifestement analytique.

* * *

Descartes, énonçant les données de son problème, s'exprime initialement dans le vocabulaire de la théorie des *Données* :

– soient *données de position* (Descartes dit « par position ») les quatre lignes AB, AD, EF et GH

– et soient *donnés de grandeur* (Descartes dit simplement « donnés ») les quatre angles CBA, CDA, CFE et CHG.

De ces seules données explicites, la théorie des *Données*, ou, pour nos contemporains qui ignorent celle-ci (et qui peuvent sans difficulté l'ignorer, grâce à la réforme dont nous sommes en train de suivre la mise en place), les considérations géométriques les plus élémentaires permettent de déduire que

1) *tous* les angles représentés sur la figure sont *donnés de grandeur*,

2) les deux segments EA et AG (que Descartes va désigner respectivement par *k* et par *l*) sont aussi *donnés de grandeur*.

Descartes peut déduire immédiatement de ce qui précède, sans dépasser encore pour autant les résultats qu'aurait pu lui fournir une simple application de la théorie euclidienne des *Données*, que les raisons suivantes sont données; raisons qu'il désigne donc par le rapport de deux lettres que nous reproduisons ici:

$$\frac{AB}{BR} = \frac{z}{b}\,;\ \frac{CR}{CD} = \frac{z}{c}\,;\ \frac{BE}{BS} = \frac{z}{d}\,;\ \frac{CS}{CF} = \frac{z}{e}\,;\ \frac{BG}{BT} = \frac{z}{f}\,;\ \frac{TC}{CH} = \frac{z}{g}.$$

Dans ces six expressions les commentateurs ont souligné depuis longtemps que la lettre *z*, contrairement à l'usage que Descartes lui-même était en train d'instaurer, ne désignait nullement une *inconnue*, mais une grandeur *donnée* uniformément choisie pour son *rapport* ou sa *raison* aux grandeurs données *b, c, d, e, f* et *g*. Il est bien clair qu'il suffisait, ou qu'il aurait suffi, à Descartes, pour aboutir à ces conclusions sans sortir de la théorie des *Données*, de s'appuyer par exemple sur la proposition 40 de celle-ci:

> Si chacun des angles d'un triangle est donné de grandeur, le triangle est donné d'espèce

puisque la définition 3 spécifiait que, dans une figure rectiligne *donnée d'espèce*, les raisons entre côtés étaient elles-mêmes *données*.

Jusqu'au point où nous sommes parvenus, la démarche cartésienne n'innove en rien relativement à la théorie des *Données*. Comme celle-ci, elle reste enfermée dans la considération de ce qui est donné: droites indéfinies *données de position*; segments de droite ou angles *donnés de grandeur*, triangles *donnés d'espèce* et raisons purement et simplement *données*.

Prenons garde seulement que Descartes, évidemment peu soucieux de distinguer l'apport des théories antérieures dont il est, comme tous ses contemporains, héritier, de ce qui constitue l'originalité singulière de sa propre *méthode*, ne prend pas la peine de dissocier, ne serait-ce que chronologiquement, l'une et l'autre étape de son exposé, mais mêle dans le courant de celui-ci les éléments essentiellement différents que nous nous attachons ici à distinguer les uns des autres. Certes il a exprimé dès le départ sa supposition du problème résolu; mais les conclusions qu'il tire des données initiales de son problème concernant la valeur des six raisons $\frac{AB}{BR}, \frac{CR}{CD}, \frac{BE}{BS}, \frac{CS}{CF}, \frac{BG}{BT}, \frac{TC}{CH}$, procèdent d'une démarche qui, nous l'avons vu, ne comporte encore rien d'analytique.

La démarche proprement analytique commence lorsqu'il fait état, non seulement des grandeurs données, mais de celles qu'il s'agit précisément de trouver, j'allais dire comme si elles étaient déjà données; puisque l'écriture qu'il adopte lui permet d'en introduire et d'en maintenir la considération tout au long de son calcul, tout en manifestant, sans la moindre discontinuité, que ces objets de sa spéculation ont précisément en propre de *ne pas* être donnés.

Ecoutons plutôt Descartes[1] :

> pour me démêler de la confusion de toutes ces lignes, je considère l'une des données et l'une de celles qu'il faut trouver, par exemple AB et CB, comme les principales et auxquelles je tâche de rapporter ainsi toutes les autres. Que le segment de la ligne AB qui est entre les points A et B, soit nommé x et que BC soit nommé y.

Le recours au vocabulaire de la théorie des *Données* permet de dissiper une légère ambiguïté de ce texte: si *la ligne* AB est pour Descartes « l'une des données », c'est qu'elle est *donnée de position*, tandis que *la ligne* CB n'est pas *donnée de position* et que ni *le segment* AB ni *le segment* CB ne sont *donnés de grandeur*.

Ayant ainsi désigné les segments AB et BC par x et par y, Descartes peut commencer à procéder d'une manière authentiquement analytique, que le simple usage de la théorie des *Données* ne pouvait, à lui seul, permettre, puisqu'à l'intérieur de ses limites on ne pouvait évidemment pas faire entrer en considération ce qui n'était pas donné.

Contentons-nous d'indiquer ici la suite des inférences algébriques obtenues à partir des six raisons de z à respectivement b, c, d, e, f et g[2]. Puisque

$$\mathrm{EA} = \mathrm{k}$$

$$\mathrm{AG} = \mathrm{l}$$ [3]

$$\mathrm{AB} = \mathrm{x}$$

$$\mathrm{BC} = \mathrm{y}$$

nous obtiendrons successivement:

$$\mathrm{RB} = \frac{\mathrm{bx}}{\mathrm{z}}$$

$$\mathrm{CR} = \mathrm{BC} + \mathrm{RB} = \mathrm{y} + \frac{\mathrm{bx}}{\mathrm{z}}$$

$$\mathrm{CD} = \mathrm{CR} \times \frac{\mathrm{c}}{\mathrm{z}} = \frac{\mathrm{cy}}{\mathrm{z}} + \frac{\mathrm{bcx}}{\mathrm{z}^2}$$

$$\mathrm{EB} = \mathrm{EA} + \mathrm{AB} = \mathrm{k} + \mathrm{x}$$

$$\mathrm{BS} = \mathrm{EB} \times \frac{\mathrm{d}}{\mathrm{z}} = \frac{\mathrm{dk} + \mathrm{dx}}{\mathrm{z}}$$

1. *Ibid.*, p. 382-383.
2. Ci-dessus, p. 112.
3. Ci-dessus, p. 111.

$$CS = BC + BS = y + \frac{dk + dx}{z} = \frac{zy + dk + dx}{z}$$

$$CF = CS \times \frac{e}{z} = \frac{ezy + dek + dex}{z^2}$$

$$BG = AG - AB = l - x$$

$$BT = BG \times \frac{f}{z} = \frac{fl - fx}{z}$$

$$CT = BC + BT = y + \frac{fl - fx}{z} = \frac{zy + fl - fx}{z}$$

$$CH = CT \times \frac{g}{z} = \frac{gzy + fgl - fgx}{z^2}$$

Ayant ainsi la valeur, en fonction de *x* et de *y* (comme nous dirions aujourd'hui) des quatre segments BC, CF, CD et CH, la supposition du problème résolu nous conduit à poser l'égalité des deux produits, ou, si l'on préfère le parler grec, des deux rectangles :

$$CB \times CF = CD \times CH$$

c'est-à-dire

$$y \times \frac{ezy + dek + dex}{z^2} = \left(\frac{cy}{z} + \frac{bcx}{z^2}\right) \times \frac{gzy + fgl - fgx}{z^2}$$

aisément transposable par quelques opérations algébriques en l'équation

$$yy = \frac{\left.\begin{array}{r}-dekzz\\+cfglz\end{array}\right\} y \quad \left.\begin{array}{r}-dezzx\\-cfgzx\\+bcgzx\end{array}\right\} y \quad \left.\begin{array}{r}+bcfglx\\-bcfgxx\end{array}\right\}}{ezzz - cgzz}$$

telle que l'écrit Descartes[1], mais que nous ordonnerions aujourd'hui de la manière suivante :

$$\left(cgz^2 - ez^3\right)y^2 - bcfgx^2 + \left(bcgz - cfgz - dez^2\right)xy + \left(cfglz - dekz^2\right)y$$
$$+ bcfglx = 0$$

*

* *

1. *Œuvres de Descartes*, Adam et Tannery, tome VI, p. 398.

Ainsi la double écriture permet de procéder analytiquement aussi bien à partir de ce qui n'est pas donné que de ce qui est donné, comme si tous deux étaient donnés, sans que la moindre confusion soit cependant possible entre le statut de l'un et celui de l'autre ; démarche évidemment inaccessible à la classique théorie euclidienne des *Données*.

Autre supériorité encore de la méthode cartésienne sur cette procédure grecque, que la fin du livre I de la *Géométrie* illustre sur l'exemple de la solution point par point du *problème de Pappus* à quatre lignes : la théorie des *Données* établissait seulement la *possibilité* que le résultat fût donné, sans nous *donner* elle-même ce résultat ; c'est au contraire ce résultat que la nouvelle méthode *donne* en lieu et place de sa simple possibilité.

Si, en effet, non seulement b, c, d, e, f, g, k, l et z, mais encore x, sont donnés, l'équation du second degré n'est plus alors qu'à une seule inconnue, c'est-à-dire que la solution de ce problème, qui se présentait initialement comme assez délicat, est, dirions-nous aujourd'hui, à la portée d'un élève de seconde, ou si l'on préfère, peut s'obtenir à la règle et au compas ; puisque les seules opérations impliquées pour sa solution sont l'addition, la soustraction, la multiplication, la division et l'extraction de racines carrées, dont le début de *La Géométrie* a pris soin de nous expliquer comment le résultat chaque fois se laissait construire. Descartes, à ce sujet, avait même presque insisté lourdement, puisque, après nous avoir indiqué cette construction géométrique des opérations élémentaires qui eût suffi à son propos, il avait encore pris la peine de nous donner explicitement celle de la solution d'ensemble de l'équation du second degré pour chacun des trois cas que son refus, pédagogiquement justifié, d'envisager des quantités géométriques négatives, l'avait obligé à considérer successivement.

Evidemment ce refus d'envisager des quantités négatives se prolonge dans le traitement lui-même du *problème de Pappus* à quatre lignes ; c'est même la seule chose qui interdise de parler ici déjà de *coordonnées cartésiennes*, dont l'usage n'apparaîtra, semble-t-il, qu'un peu plus tard, chez Wallis. Ainsi Descartes est amené à souligner lui-même que, lorsqu'il retient pour le segment CR[1] la valeur $y + \frac{bx}{z}$, la raison en est que, de par la situation qu'il a arbitrairement donnée au point C sur sa figure,

1. *Cf.* ci-dessus, p. 113.

le point B tombe entre C et R; car, si R tombait entre C et B, CR serait $y - \frac{bx}{z}$, et si C tombait entre B et R, CR serait $-y + \frac{bx}{z}$[1].

Une triple possibilité analogue s'ouvre une seconde fois pour déterminer la valeur de EB, et une troisième fois pour celle de CS. Dans le foisonnement de possibilités qui en résulte, Descartes s'est contenté de choisir celle qui s'accordait à la représentation du problème résolu que concrétisait sa figure, laquelle ne concerne jamais qu'un seul cas, que retient son raisonnement. C'est pour ce cas précis, ou plus exactement pour cette famille de cas, que vaut en fin de compte l'équation à deux inconnues à laquelle il aboutit. Celle-ci exprime sans doute déjà l'existence d'une infinité de points C, répondant à une telle relation entre les valeurs de *x* et celles de *y*; mais elle n'enveloppe évidemment pas l'existence de tous les points C possibles.

L'important était pour Descartes de montrer que, si l'on donnait une valeur quelconque à l'une des deux variables dépendantes, toutes les équations correspondant au problème resteraient du même second degré et ne pourraient s'écarter de celle qu'il nous donne que par des signes + ou –. Leurs solutions pourraient donc toutes se construire à la règle et au compas.

* * *

Ces problèmes dont la solution pouvait se construire à la règle et au compas étaient à même d'illustrer la simplicité et le caractère quasi décisoire de la nouvelle forme d'analyse ouverte par le principe de la double écriture. Descartes avait longtemps hésité avant d'arrêter son choix sur le *problème de Pappus*, dont l'avantage, qui devait provoquer son adoption, tenait à la double raison, où nous devrons nous-même un peu plus tard en venir, qu'il ouvrait aussi la voie

1) au delà du traitement point par point, à l'étude de l'équation générale du second degré à deux inconnues, dans sa relation à l'ensemble des sections coniques,

2) et, ultérieurement, à la classification systématique des fonctions algébriques que déploierait la suite de sa *Géométrie*.

Sinon, pour illustrer la méthode, eussent aussi bien, sinon mieux, convenu ces problèmes qui appelaient une solution unique, qu'on

1. *Œuvres de Descartes*, Adam et Tannery, tome VI, p. 383.

pouvait trouver «sans aide que de la Géométrie simple, c'est-à-dire avec la règle et le compas», dont lui-même avait donné comme exemple dans sa lettre à Mersenne du 15 avril 1630[1]

> trouver le diamètre de la sphère tangente à quatre autres sphères données de grandeur et de position.

Plus simplement encore, s'offrait à lui le problème quelquefois dit *des trois cercles*:

> trois cercles étant donnés, trouver le quatrième qui, à l'intérieur, leur est tangent.

En cette première moitié du XVIIe, ce problème était au demeurant à peu près aussi célèbre que le *problème de Pappus*. Apollonius en avait déjà traité dans ses deux livres *Des contacts*, aujourd'hui disparus, mais dont Pappus nous a indiqué le contenu au début du livre VII de sa *Collection mathématique*[2]. Dans le traité d'Apollonius, rapporte-t-il, trois éléments quelconques étant donnés parmi des points, des droites et des cercles, il s'agissait de tracer un cercle, qui passât par les points ou fût tangent aux droites ou aux cercles; la nature des trois entités qui pouvaient être prises en considération, points, droites et cercles, donnait combinatoirement dix cas différents: deux de ces cas se trouvaient déjà résolus au livre IV des *Eléments* d'Euclide; le premier livre *Des contacts* en étudiait six autres et le second livre traitait des deux restants, le dernier étant ce problème *des trois cercles* considéré apparemment comme le plus difficile.

Ce problème *des trois cercles* avait retenu l'attention des géomètres arabes dès le Xe siècle au moins, si l'on en croit Ibrahim Ibn Sinan[3], dont la solution, originale relativement à celle d'Apollonius, nous est parvenue, et qui de plus mentionne les solutions aujourd'hui perdues de trois autres auteurs arabes, elles-mêmes originales relativement à celle d'Apollonius et à la sienne propre.

A la fin du XVIe siècle, Viète avait proposé ce même problème, à titre de défi, à Adrien Romain, dont la solution publiée en 1596, pour

1. *Œuvres de Descartes*, Adam et Tannery, tome I, p. 139. On remarquera que Descartes conserve ici le vocabulaire de la théorie des *Données*:

> Invenire diametrum sphœrœ tangentis alias quatuor magnitudine et positione datas.

2. Traduction Ver Eecke, tome second, p. 483-485.

3. *Cf.* l'article d'Hélène Bellosta, *Ibrahim Ibn Sinan: Apollonius Arabicus*, dans *Perspectives arabes et médiévales sur la tradition scientifique et la philosophie grecque*, éd. Ahmad Hasnawi, Abdelali Elamrani-Jamal et Maroun Aouad, Peeters et IMA, Leuven, Paris, 1997, p. 31-48.

obtenir le centre du cercle tangent, recourait à l'intersection de deux hyperboles. Viète, insatisfait, avait donné en 1600, dans son *Apollonius Gallus*, une solution à la règle et au compas. Après la mort de Descartes encore, ce *problème des trois cercles* et ses dérivés resteront aussi familiers au monde savant que le *problème de Pappus* lui-même; ainsi l'*Adresse à l'académie parisienne* prouve qu'en 1654 Pascal s'est intéressé aussi bien à l'un qu'à l'autre[1].

* * *

Ce *problème des trois cercles* n'a évidemment pas échappé à l'attention de Descartes et sa correspondance avec la princesse Elisabeth nous renseigne suffisamment sur la solution qu'il en proposait pour que nous puissions comprendre pourquoi ce problème lui convenait moins que le *problème de Pappus* pour illustrer sa *Géométrie*.

Au premier regard, si l'on admet que la connaissance des trois côtés d'un triangle permet de calculer son aire, ce *problème des trois cercles* semblait devoir s'accorder merveilleusement à la nécessité de «trouver moyen d'exprimer une même quantité en deux façons»[2] pour obtenir les deux termes d'une équation à unique inconnue. Descartes d'ailleurs prenait la peine de le souligner à l'intention de sa correspondante:

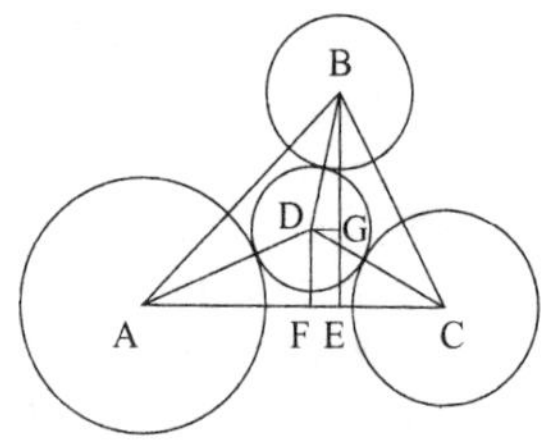

> Car si A, B, C sont les centres des trois cercles donnés et D le centre du cherché, les trois côtés du triangle ABC sont donnés, et les trois lignes AD, BD, CD sont composées des trois rayons des cercles donnés, joints au rayon du cercle cherché, si bien que, supposant x pour ce rayon, on a tous les côtés des triangles ABD, ACD, BCD, et par conséquent on peut avoir leurs aires qui, jointes ensemble, sont égales à l'aire du triangle donné ABC[3].

Ainsi la méthode cartésienne semblait inviter immédiatement à établir, sur la supposition du problème résolu, c'est-à-dire sur la considé

1. Pascal, *Œuvres complètes*, édition Jean Mesnard, II, 1970, p. 1033.
2. *Œuvres de Descartes*, Adam et Tannery, tome VI, p. 372.
3. *Œuvres de Descartes*, Adam et Tannery, tome IV, 1901, p. 39.

ration conjuguée des rayons effectivement *donnés* des trois cercles initiaux et du rayon du cercle tangent, qui lui-même n'était évidemment pas *donné*, comme si les uns et l'autre eussent été semblablement *donnés de grandeur*, une équation du second degré à une inconnue entre l'aire du triangle ABC et la somme des aires des triangles en lesquels il se décomposait.

Mais Descartes n'évoquait cette application trop manifeste d'un des principes de sa méthode que pour l'écarter. La raison fondamentale en était qu'une telle application exigeait le recours à « un théorème qui enseigne à trouver l'aire d'un triangle par les trois côtés ». Ce théorème dont il semble que le mérite initial puisse être attribué à Archimède est celui qui donne ce que certains auteurs appellent la *formule de Héron* [1]. Or l'analyse, telle que la concevait Descartes, à ce niveau du moins des problèmes dont la solution ressortissait à la règle et au compas, devait être capable de réduire le savoir qu'elle présupposait aux deux seuls théorèmes parfois dits *de Thalès* et *de Pythagore* :

> J'observe toujours, en cherchant une question de géométrie, que les lignes, dont je me sers pour la trouver, soient parallèles, ou s'entrecoupent à angles droits le plus qu'il est possible ; et je ne considère point d'autres théorèmes, sinon que les côtés des triangles semblables ont semblable proportion entre eux, et que, dans les triangles rectangles, le carré de la base est égal aux deux carrés des côtés. Et je ne crains point de supposer plusieurs quantités inconnues, pour réduire la question à tels termes qu'elle ne dépende que de ces deux théorèmes [2].

De surcroît Descartes avait pu vérifier lui-même que ce recours à quelque équivalent de la *formule de Héron* conduisait « à tant de multiplications superflues, que, disait-il, je ne voudrais pas entreprendre de les démêler en trois mois ». Il suffit d'ailleurs de s'engager dans la démarche en question pour avoir rapidement une première idée de la lourdeur des calculs dans lesquels on s'y enfoncerait, quelque facile qu'en soit le principe. Aussi Descartes renonce-t-il à cette voie à laquelle sa méthode semblait pourtant naturellement inviter.

La solution qu'il indique à Elisabeth se serait parfaitement accordée au propos du premier livre de la *Géométrie*, en ce qu'elle demeure dans les limites que ce livre imposait. Il part de la connaissance donnée de la hauteur BE du triangle ABC et des deux segments AE et CE de sa

1. *Cf.* Thomas Heath, *A History of greek mathematics*, New York, Dover Publications, vol. II, p. 103 et 321-323.

2. *Œuvres de Descartes*, Adam et Tannery, tome IV, p. 38.

base, et établit trois équations du second degré à trois inconnues par simple application du *théorème de Pythagore* aux trois triangles rectangles AFD, BGD et CFD. Il fait observer que des soustractions membre à membre permettraient de réduire ces trois équations du second au premier degré ; mais, comme ces trois équations du premier degré ne seraient pas indépendantes, il ne se sert de celles-ci que pour calculer la valeur de deux inconnues y et z en fonction de la troisième x. Après quoi,

> retournant à l'une des trois premières équations, et, au lieu d'y ou de z, mettant les quantités qui leur sont égales, et les carrés de ces quantités pour yy et zz, on trouve une équation où il n'y a que x et xx inconnus, de façon que le problème est plan [1].

Si donc il y a quelque chose à admirer dans cette solution, que propose Descartes, du *problème des trois cercles*, c'est moins l'application qu'il y fait de sa méthode que l'ingéniosité avec laquelle, au contraire, évitant de se jeter tête baissée dans la voie vers laquelle semblait inviter l'application naïve de cette méthode, il élabore une solution dont l'élégante simplicité n'éclate qu'en fin de parcours. A cet égard, la solution de ce problème, qu'il communiquera à la princesse Elisabeth, n'avait, pour le propos du livre I de sa *Géométrie*, rien de particulièrement exemplaire.

* * *

Ce qui, en revanche, était exceptionnellement exemplaire dans la manière dont Descartes traitait le *problème de Pappus* à quatre lignes, c'est que la détermination algébrique des quatre segments dont il avait besoin se fondait uniquement et directement sur le dit *théorème de Thalès*. Ce *problème de Pappus* à quatre droites, comme le résout Descartes, ne recourt en effet même pas au *théorème de Pythagore*, mais seulement à la considération des raisons de segment à segment, caractéristiques des triangles rencontrés ; il n'y est en effet nulle part question de droites qui se coupent à angles droits. Même si Descartes s'accorde explicitement la permission de recourir à ce *théorème de Pythagore*, il ne pouvait néanmoins percevoir celui-ci que comme une conséquence du *théorème de Thalès*, comme l'illustre la manière dont il

1. *Ibid.*, p. 42.

est démontré au livre VI d'Euclide[1]. A cet égard, un des caractères les plus spectaculaires du traitement cartésien du *problème de Pappus* est de nous faire remonter jusqu'à une sorte de minimum incompressible de savoir géométrique présupposé.

Cette réduction analytique à un minimum de présuppositions géométriques, telle que Descartes y réussit davantage encore dans son traitement du *problème de Pappus* que dans celui du *problème des trois cercles*, contraste entièrement avec la manière dont Pappus en son temps avait pu traiter certains problèmes de géométrie assez analogues, au livre IV de sa *Collection mathématique*. Par exemple une fois qu'il avait posé le problème de construire un cercle extérieurement tangent à trois cercles donnés, eux-mêmes tangents deux à deux[2], Pappus s'occupait d'abord de démontrer deux propositions dont il en déduisait alors une troisième, qui lui permettait enfin d'établir la possibilité de la construction demandée. Un peu après, lorsqu'il s'agissait de prouver certaines propriétés des cercles inscrits dans l'*arbelos*[3], il en donnait d'abord l'énoncé, puis établissait trois autres propositions fondées successivement les unes sur les autres, sur lesquelles s'appuyait enfin la démonstration de la proposition initiale, qui exigeait d'ailleurs celle d'un lemme supplémentaire, lequel suivait immédiatement. Ainsi Pappus s'accordait la possibilité de faire reposer certaines étapes de sa démarche sur des théorèmes relais. Descartes au contraire s'attachera à ne rien laisser subsister, à la limite, que les seuls rapports de similitude, dernier mot de sa *Géométrie*, auquel sa *méthode* prétend réduire tout le reste.

*
* *

1. Que le *théorème de Pythagore*, sous sa forme la plus élémentaire, ait pu se démontrer avant tout recours à la notion de *proportion*, comme à la proposition I-47 d'Euclide, n'intéressait absolument pas Descartes, dont la géométrie, à la différence de celle d'Euclide, présuppose qu'on y reçoive dès le départ cette notion de *proportion*.

2. *La Collection mathématique*, traduction Ver Eecke, tome premier, p. 144-153.

3. Espace curviligne compris entre trois arcs de demi-cercle tangents deux à deux dont les diamètres occupent le même segment, en sorte que celui du plus grand se partage lui-même en ceux des deux autres; ainsi nommé, par Archimède semble-t-il (si du moins on peut attribuer à celui-ci le contenu du *Liber assumptorum*), à cause de sa ressemblance avec le *tranchet* du cordonnier. *Ibid.*, p. 158-175.

Nous pouvons ainsi comprendre pourquoi Descartes, pour illustrer ce que le *Discours* de ce nom appelait sa *méthode*, avait en fin de compte préféré la solution point par point du *problème de Pappus* à quatre lignes à celle d'autres problèmes, comme celui des *trois cercles*. Nous venons de voir que l'originalité de cette méthode reposait sur des moyens scripturaires, qui permettaient de procéder analytiquement de la supposition du problème résolu, en conservant aussi bien ce qui était donné que ce qui ne l'était pas, sans que les statuts de l'un et de l'autre pussent être, à quelque instant que ce fût, confondus.

Mais, si parfaitement que cet exemple convînt pour illustrer ce qu'il appelait *sa méthode*, les prétentions de Descartes ne s'arrêtaient pas là. Du reste, l'auteur de *La Géométrie* ne donne nulle part explicitement l'équation du second degré *à une seule inconnue*, à laquelle fait allusion la fin du premier livre, mais fournit seulement l'équation *à deux inconnues* que nous-même avons reproduite[1], étant bien entendu qu'il suffit d'y remplacer l'une quelconque des deux inconnues par une valeur donnée pour en tirer une équation à une seule inconnue.

Or le traitement de cette équation du second degré à deux inconnues échappe désormais entièrement à la méthode analytique, telle que nous venons d'essayer de la caractériser, bien sûr à la suite de Descartes, c'est-à-dire de l'auteur du *Discours* et du premier livre de *La Géométrie*; mais celui-ci s'est bien gardé de nous dire explicitement que les deux derniers livres de cette *Géométrie* procédaient par une tout autre *méthode*, par une tout autre *analyse*, en admettant même que ce mot d'*analyse* pût convenir encore.

Finie d'abord, avec la prétention de pouvoir tout construire à la règle et au compas, celle de réduire toute démonstration aux seuls théorèmes dits *de Thalès* ou *de Pythagore*. Descartes, pour montrer, au livre II de sa *Géométrie*, que la présentation de l'équation du second degré à deux inconnues, à laquelle l'avaient conduit les considérations effectivement analytiques de son livre I, pouvait être simplifiée d'une manière telle qu'on y reconnût les propriétés des diverses sections coniques, droite, cercle, parabole, hyperbole ou ellipse[2], était bien obligé de recourir, directement cette fois, à ces propriétés, telles qu'elles avaient été synthétiquement établies par ses prédécesseurs, en particulier par Apollonius, aux *Coniques* duquel il n'avait aucun scrupule à se référer lui-même à trois reprises[3].

1. Ci-dessus, p. 114.
2. *Œuvres de Descartes*, Adam et Tannery, tome VI, p. 399-407.
3. *Ibid.*, p. 402, 403 et 404.

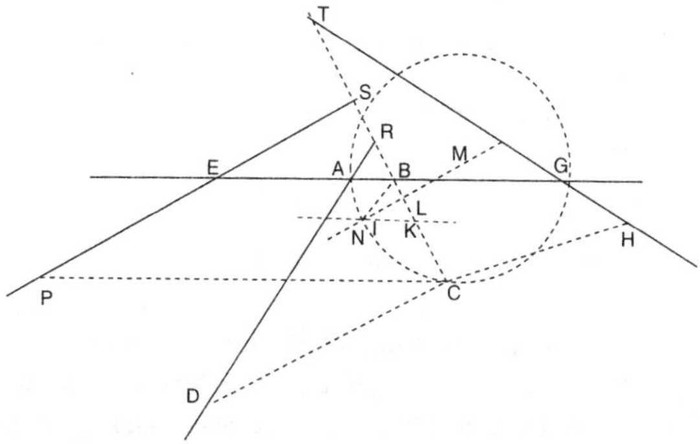

Rappelons en effet que Descartes, à ce moment-là, supposant sans doute son lecteur suffisamment rassuré sur la conservation distincte de ce qu'il avait fallu distinctement conserver, regroupe en deux temps les paramètres de son équation initiale. Un premier regroupement, qui se traduit par l'introduction des deux lettres *m* et *n*, permet de donner de celle-ci une version apparemment simplifiée dont il est facile de tirer la valeur de *y* en fonction de *x*. Dans l'expression de cette valeur, le second regroupement, en provoquant l'introduction des deux autres lettres *o* et *p*, entraîne une quasi-disparition des paramètres initiaux[1]. C'est de cette expression dont seule, répétons-le, l'apparence est simplifiée, que Descartes écrira fièrement à Mersenne le 31 mars 1638 :

> par cette seule équation de la page 326, à savoir
>
> $$y = m - \frac{n}{z}x + \sqrt{mm + ox - \frac{p}{m}xx}$$
>
> en changeant seulement les marques + et –, ou supposant quelques termes pour nuls, je comprends toutes celles qui peuvent se rapporter à quelque lieu plan ou solide. Je ne crois pas qu'il soit possible de rien imaginer de plus général, ni plus court, ni plus clair et facile que cela, ni que ceux qui l'auront une fois compris doivent après prendre la peine de lire les longs écrits des autres sur même matière[2].

Cette équation donnait en effet une valeur algébrique de *y*, que Descartes proposait de comparer avec le segment BC de sa figure. Aux trois termes successifs qui composent cette valeur de *y*, il faisait correspondre respectivement les trois segments BK, KL et LC en sorte que

1. *Ibid.*, p. 398-399. Ce sont les pages 325-326 de l'édition originale à laquelle renvoie évidemment le texte suivant de Descartes.

2. *Œuvres de Descartes*, Adam et Tannery, tome II, p. 84.

$$y = BC = BK - KL + LC = m - \frac{n}{z}x + \sqrt{m^2 + ox - \frac{p}{m}x^2}.$$

Si, dans l'équation ainsi obtenue, les termes

$$\sqrt{m^2 + ox - \frac{p}{m}x^2}$$

étaient nuls, on voyait immédiatement qu'on était en présence, comme nous dirions aujourd'hui, d'une équation affine, dont le lieu serait une droite ; ce serait encore une autre droite, comme montrait Descartes sur un exemple, si les mêmes termes étaient «tels que la racine s'en pût tirer». En dehors de ces deux cas, il reconnaissait sous son équation celles, possibles, d'un cercle ou de l'une des trois classiques coniques, telles que les avait déjà caractérisées Apollonius, omettant au passage le cas où le lieu se réduit à un point[1].

* * *

A ce moment-là, dont l'importance est pourtant considérable dans la démarche cartésienne, le terme d'*analyse*, si l'on en conserve l'usage, comme le fait Descartes, n'est plus en tout cas cette remontée de la supposition du problème résolu jusqu'aux conditions les plus élémentaires de sa solution, telle qu'elle se trouvait caractérisée déjà par le *Discours*, et illustrée par le premier livre de la *Géométrie*. Une telle remontée s'est arrêtée à la reconnaissance des propriétés des diverses sections coniques dont Descartes ne peut découvrir la présence sous son équation que parce que d'autres avant lui ont, le plus classiquement du monde, démontré que ces sections coniques avaient bien ces propriétés.

Ceci n'est évidemment pas une critique envers Descartes, qui fut lui-même parfaitement lucide à ce sujet, sauf à lui adresser le reproche d'avoir souvent utilisé ce même mot d'*analyse* dans deux acceptions sensiblement différentes, sans prendre la peine d'en avertir ses lecteurs ou ses correspondants. Une chose est l'*analyse*, par laquelle Descartes est remonté des *données* du *problème de Pappus* à quatre lignes, en incluant dans ces *données* cela même qui n'était pas donné, jusqu'à une équation du second degré à deux inconnues ; une tout autre chose était

1. Descartes le reconnaîtra peut-être lui-même dans sa lettre à Mersenne du 31 mars 1638 : «Il y a toutefois un cas, des plus aisés de tous, que j'ai omis pour sa trop grande facilité», *ibid.* ; à moins que cette phrase, comme le pensera finalement Tannery, ne fasse allusion au fait que Descartes a omis de considérer le cas de l'équation où le coefficient de y^2 est nul. *Cf.* la *Note sur le problème de Pappus, Œuvres de Descartes*, Adam et Tannery, tome VI, p. 725.

de partir de l'équation *générale* du second degré à deux inconnues et de remonter jusqu'aux différentes solutions géométriques de ce *problème de Pappus* à quatre lignes, qui n'en représentaient que des cas particuliers.

Qu'il se fût agi dans l'un et l'autre cas, comme vient de le marquer notre vocabulaire, d'une démarche qu'on pouvait percevoir comme une certaine *remontée* justifiait ou, du moins, expliquait l'usage du terme d'*analyse*, bien qu'une telle remontée s'opérât

– dans le premier cas, de la supposition du problème résolu à l'équation qui réunissait les conditions de la solution,

– dans le second cas (j'allais dire : *au contraire*) de l'équation générale caractéristique de l'ensemble des sections coniques, aux solutions géométriques apportées au *problème de Pappus* par différentes sections coniques.

Le seul rapprochement entre l'un et l'autre cas tenait à ce que tous deux procédaient *en sens inverse* de ce qui chaque fois pouvait être perçu comme la procédure normale, attendue, ordinaire.

* * *

Que, dans ce second sens du mot, Descartes fût conscient de ne pas avoir donné une telle *analyse* dans sa *Géométrie*, il le reconnaissait déjà dans sa même lettre à Mersenne du 31 mars 1638[1] :

> touchant cette question de Pappus, [...] je n'en ai mis que la construction et la démonstration entière, sans en mettre toute l'analyse.

Il le reconnaîtra beaucoup plus explicitement encore à Florimond de Beaune qu'il sait être un assez authentique mathématicien, pour qu'il soit préférable de ne rien lui dissimuler[2] :

> Je n'ai point donné l'analyse de ces lieux, mais seulement leur construction, comme j'ai fait aussi de la plupart des règles du troisième Livre.

Nous venons de voir, en effet, qu'après avoir élaboré *analytiquement* son équation, Descartes s'était contenté de montrer qu'on y retrouvait les propriétés des sections coniques, familières au géomètre depuis

1. *Œuvres de Descartes*, Adam et Tannery, tome II, p. 83.
2. *Ibid.*, p. 511, Descartes à M. de Beaune, 20 février 1639.

Apollonius. Devant M. de Beaune, il s'adressait à lui-même la critique la plus parfaite[1] :

> au lieu de m'être employé [...] à construire la question de Pappus, et n'avoir parlé des lieux après cela qu'en forme de corollaire, j'eusse mieux fait d'expliquer par ordre tous les lieux, et de dire ensuite que, par ce moyen, la question de Pappus était construite.

Descartes ne pouvait dissimuler à M. de Beaune que d'avoir procédé, comme il l'avait fait, à partir du *problème de Pappus*, entraînait notamment ce défaut de généralité, déjà perceptible à l'œil, que de l'équation que nous écririons aujourd'hui :

$$ay^2 + bx^2 + cxy + dy + ex + f = 0$$

le correspondant du dernier terme *f* n'y figurait pas, ce qui interdisait d'en faire « un modèle pour toutes les autres » :

> en l'équation de la p. 325[2], dont je fais un modèle pour toutes les autres, il n'y a aucun terme qui soit composé de quantités connues ; ce qui est bon pour la question de Pappus, à cause qu'il ne s'y en trouve jamais par la façon que je l'ai réduite ; mais il y en fallait mettre un, pour ne rien omettre touchant les lieux.

A avoir procédé d'une manière qui, à ce niveau, ne fût pas analytique, il devait reconnaître que, même dans le cadre réduit du traitement de l'équation à laquelle il était parvenu, il avait déjà pu manquer de systématicité :

> j'ai omis le cas où il n'y a point d'*yy*, mais seulement *xy*, avec quelques autres termes, ce qui donne toujours un lieu à l'hyperbole.

* * *

Pourtant on peut reprocher à Descartes d'avoir éprouvé des remords qui fussent injustes envers lui-même, quand il avait avoué : « j'eusse mieux fait... ». Si nous le suivons sur ce terrain, ce qu'*il eût mieux fait* était d'abandonner la superbe analyse par laquelle il s'était initialement élevé du *problème de Pappus* jusqu'à son équation ; laquelle, tout en ouvrant la porte à toutes les solutions possibles du dit

1. *Ibid.*, p. 510-511.
2. *Cf.* ci-dessus, p. 114.

problème, avait, relativement à l'ensemble des sections coniques pensables, un défaut certain de généralité. Un tel abandon eût permis de procéder à une tout autre *analyse*; celle qu'obtenait à peu près Fermat à la même époque, cette redescente de la propriété générale exprimée par l'équation du second degré à deux inconnues vers tous ses cas envisageables, à chacun desquels on pouvait faire correspondre la situation géométrique dont il exprimait la particulière propriété. Il fallait choisir entre l'une et l'autre, ou peut-être procéder successivement à l'une et à l'autre pour les ajuster l'une à l'autre au point où elles pouvaient se rejoindre. Mais l'une ne pouvait se réduire à l'autre; ou, si l'on préfère, elles ne pouvaient fusionner l'une et l'autre dans un seul et même mouvement. Dans le cas du *problème de Pappus*, elles étaient, en fin de compte, aussi indispensables qu'irréductibles l'une à l'autre.

Il y avait ainsi une ambiguïté radicale dans l'objet même que rencontrait Descartes et qu'il désignait comme *son* analyse ou *sa* méthode, alors qu'il avait rencontré non pas une, mais deux démarches qui *remontaient*, toutes deux (d'où leur commune prétention à s'appeler *analyse*), vers un même point commun, en sorte qu'elles s'ajustaient et se complétaient sans le moins du monde se prolonger. Descartes dans sa *Géométrie* esquissait les deux démarches, sans prendre la peine de les accomplir pleinement l'une et l'autre.

En ce qui concerne la première, nous avons vu, en particulier, que l'auteur de la *Géométrie* ne s'était pas encore autorisé à envisager aussi bien des quantités négatives que des quantités positives, qu'il avait donc été obligé de raisonner comme si le point C de sa figure se trouvait dans tel des quatre angles dessinés par l'intersection de ses coordonnées, et de reconnaître alors que son analyse, pour être complète, aurait dû être reprise pour chacun des trois autres angles, ce dont, comme le note Tannery[1], nos conventions sur les signes + et – nous dispenseraient aujourd'hui.

Il semble que Roberval ait entrepris de son côté de faire cette analyse complète et qu'il se soit alors rendu compte qu'elle conduisait, non à une seule conique, comme le texte de Descartes pouvait le suggérer, mais à un couple de coniques dont il n'était, dans *La Géométrie*, nulle part question. Roberval n'était pas homme à laisser passer de telles omissions ou erreurs, du texte ou des figures: pourquoi Descartes avait-il écrit que si, dans les quatre positions envisageables pour le point C, «la valeur d'y se trouvait nulle, la question serait impossible»[2], alors

1. On trouvera les observations de Tannery dans *Œuvres de Descartes*, Adam et Tannery, tome V, p. 422-423, mais aussi au tome II, p. 580 et au tome IV, p. 365.

2. *Œuvres de Descartes*, Adam et Tannery, tome VI, p. 399.

qu'elle est toujours possible dans les quatre hypothèses? Etait-il bien vrai que, si Descartes n'avait pas signalé à son lecteur que le lieu devait nécessairement passer par les quatre points d'intersection des droites pour lesquels la valeur de x et celle de y devenaient nulles, c'était parce que la chose était trop évidente et qu'il ne fallait pas «avoir grande science»[1] pour le reconnaître tant sur l'équation elle-même que sur la figure? Fâcheusement, quand il le prétend, dans sa lettre à Schooten qu'Adam et Tannery datent de septembre 1639, son propos s'assortit d'une erreur, de nature telle qu'elle ne pouvait échapper à ceux qui suivaient Roberval: «Le lieu ne peut pas être tout ensemble au cercle et à l'hyperbole». Et lorsque Descartes qualifie d'*impertinente*[2] l'exigence que, sur sa figure, «on marquât tous les points où la ligne droite coupe l'hyperbole», il ferme les yeux sur le fait qu'on pouvait tout de même lui reprocher que, sur la figure en question, comme le souligne Tannery, «le *lieu aux quatre droites* est représenté par une branche d'hyperbole qui coupe une seule de ces droites, et ailleurs qu'aux points où elle devrait la rencontrer».

* * *

Ceci avait pour conséquence qu'on allait bientôt prétendre à Paris, comme nous le savons par la lettre adressée par Mersenne, le 17 mars 1648, à Constantin Huygens[3], que «la solution du lieu de Pappus ad 3 et 4 lineas» n'avait pas été donnée par Descartes «en toute son étendue». Roberval pouvait être à l'origine de cette rumeur. Celle-ci paraissait suffisamment vraisemblable pour que Pascal fît alors circuler sa propre solution du même problème, dont Mersenne vantait l'exceptionnelle beauté, et dont il entretenait Constantin Huygens à l'intention de son jeune prodige de fils.

A la décharge de Descartes, on pouvait faire valoir[4], comme Chapelain dans sa lettre à Balzac du 29 décembre 1637, que «l'amour de la brièveté lui a quelques fois fait étrangler ses raisonnements, en sorte qu'ils paraissent imparfaits» ou encore invoquer, comme le faisait Descartes lui-même dans sa lettre à Mersenne du 31 mars 1638[5],

1. *Œuvres de Descartes*, Adam et Tannery, tome II, p. 576.
2. *Œuvres de Descartes*, Adam et Tannery, tome III, p. 583, lettre à Mersenne du 13 octobre 1642.
3. *Œuvres de Descartes*, Adam et Tannery, tome IV, p. 365 et tome V, p. 144.
4. *Œuvres de Descartes*, Adam et Tannery, tome I, p. 485. *Cf.* aussi la lettre à Mersenne du 27 mai 1638, tome II, p. 152.
5. *Ibid.*, p. 83.

l'obligatoire distance que l'honnête homme garde relativement aux petits détails des grandes choses:

> j'en fais la construction, comme les architectes font les bâtiments, en prescrivant seulement tout ce qu'il faut faire, et laissant le travail des mains aux charpentiers et aux maçons;

Descartes s'était surtout réclamé de la nécessité de ne pas livrer aux «esprits malins» l'intégralité de son analyse,

> car si je la leur eusse donnée, ils se fussent vantés de l'avoir sue longtemps auparavant, au lieu que maintenant ils n'en peuvent rien dire qu'ils ne découvrent leur ignorance.

Il avait repris les mêmes thèmes dans la lettre à Florimond de Beaune[1] dont nous avons déjà fait état:

> je n'ai rien omis de tout cela qu'à dessein [...] Mais j'avais prévu que certaines gens, qui se vantent de savoir tout, n'eussent pas manqué de dire que je n'avais rien écrit qu'ils n'aient su auparavant, si je me fusse rendu assez intelligible pour eux [...] Et pour moi je ne crains pas que ceux qui s'y entendent m'imputent aucune de ces omissions à ignorance; car j'ai partout eu soin de mettre le plus difficile, et de laisser seulement le plus aisé.

Aussi, plus tard[2], ne dissimulera-t-il pas son «indignation» au Père Mersenne, parce que celui-ci aura envisagé de faire «changer quelque chose» à la solution du lieu à trois ou quatre lignes dans la traduction latine de *La Géométrie* que prépare Franz Schooten le jeune:

> Ma géométrie est comme elle doit être pour empêcher que le Rob. et ses semblables n'en puissent médire sans que cela tourne à leur confusion.

Nous avons ainsi remarqué chez Descartes deux usages différents du même mot d'*analyse*, même si lui-même n'effectue pas une telle distinction dans la présentation de sa terminologie. Nous avons vu d'abord que l'analyse qui couronnait le premier livre de *La Géométrie* combinait magistralement les avantages de l'analyse des Anciens et ceux de la théorie euclidienne des *Données*. L'analyse en revanche dont Descartes reconnaissait à Florimond de Beaune qu'à partir du livre II il aurait pu y procéder ouvertement, au lieu de ne communiquer

1. *Ibid.*, p. 511-512.
2. Lettre à Mersenne du 4 avril 1648, *Œuvres de Descartes*, Adam et Tannery, tome V, p. 142.

cavalièrement que quelques éléments de la synthèse correspondante, était une tout autre démarche, dont le poète se félicitera, et le philosophe déplorera, que, pour des raisons toutes mondaines, il ait daigné seulement, en toute connaissance de cause, la faire pressentir ou la suggérer.

CHAPITRE VI

L'HÉRITAGE D'APOLLONIUS ET LES NOUVEAUX OBJETS DE L'ANALYSE

De n'avoir pas voulu scinder notre étude de la double démarche cartésienne, pour mieux pouvoir en comparer, voire en opposer, les mouvements, nous oblige à revenir en arrière, et à expliquer pourquoi et comment on en était arrivé, au début du XVIIe siècle, dans l'étude de ces objets fondamentalement géométriques qu'étaient les sections coniques, à une situation telle que des mathématiciens comme Descartes et Fermat, à peu près en même temps, en vinrent à considérer l'équation du second degré à deux inconnues comme une *généralisation* des propriétés caractéristiques de ces diverses sections coniques. Il nous faut maintenant analyser le jeu combiné des diverses généralisations et thématisations[1] qui avait mené à une telle situation. Il va de soi que nous privilégions ici l'étude des sections coniques, alors que Descartes lui-même soulignait déjà que ce n'était jamais, dans l'échelle des mathématiques, que le deuxième, d'une infinité de degrés, pour la seule raison que c'est principalement dans ce domaine, sur ce terrain que s'était établie la continuité entre les Anciens et les Modernes.

Dans la considération des sections coniques, la première généralisation à prendre en compte est celle du *cône* lui-même, que la définition 18 du livre XI des *Eléments* avait caractérisé comme la figure comprise sous les surfaces décrites par la rotation d'un triangle rectangle autour d'un des côtés de son angle droit, c'est-à-dire comme ce que nous appelons aujourd'hui un *cône droit*. Un demi-siècle plus tard,

1. Faut-il souligner que notre opposition terminologique entre *thématisation* et *généralisation* est empruntée à Jean Cavaillès, même si ce mot de *généralisation* n'est pas celui qu'il utilise ? *Cf.* sur ce même sujet, Gilles-Gaston Granger, *Pour la connaissance philosophique*, Editions Odile Jacob, 1988, p. 70-81.

il semble bien qu'Archimède eût déjà renoncé à de telles restrictions. On a fait observer que *De la sphère et du cylindre* employait au moins une vingtaine de fois et *Sur les conoïdes et les sphéroïdes* une fois[1] l'expression de « cône isocèle », ce qui impliquait que tout cône ne le fût pas essentiellement. Sans doute cet argument de vocabulaire serait à lui seul d'autant plus insuffisant que le premier de ces deux traités ne nous est pas parvenu dans le dorien d'origine, s'il n'était effectivement arrivé à Archimède, en particulier aux propositions 7, 8 et 9 du second de ces traités, d'envisager des cônes dont le contexte de son raisonnement excluait qu'ils fussent droits. En tout état de cause, la lecture de la première définition du livre I des *Coniques* montre que, pour Apollonius,

1) le sommet du cône, resté *circulaire*, était un point quelconque extérieur au plan du cercle de base,
2) le cône incluait désormais deux nappes opposées indéfiniment prolongées.

Ce qui avait pu convaincre les Grecs de généraliser ainsi leur définition du cône fut certainement que cette généralisation laissait intactes les propriétés qu'Eudoxe, Ménechme et leurs successeurs avaient pu établir sur la base de la définition restreinte initiale. Pour nous en tenir à l'exemple le plus élémentaire, en passant de la première à la dernière définition, il n'y avait à peu près rien à changer à la manière dont la proposition 10 du livre XII des *Eléments* établissait que « tout cône est le tiers du cylindre qui a la même base que lui et une hauteur égale ». Ainsi, à propriétés identiques, le géomètre grec avait tout intérêt à raisonner, comme l'y invitait Aristote, sur le cas le plus général.

La seconde généralisation à prendre en compte dans la considération des sections coniques était, après celle du *cône*, celle du mode de *section*. Car la distinction, ajoutée à la définition 18 du livre XI d'Euclide, entre cônes rectangles, obtusangles et acutangles, avait ouvert la porte à une restriction supplémentaire, qui se maintiendra jusque dans l'œuvre d'Archimède[2] : les propriétés de la parabole avaient été établies d'abord sur le cas, que la postérité percevra comme particulier, d'une section *orthogonale* d'un cône *rectangle*, celles de l'hyperbole sur celui

1. Dans la *lettre à Dosithée*, par laquelle il commence.

2. Néanmoins celui-ci sera incidemment amené à reconnaître, aux propositions 7 et 8 de *Sur les conoïdes et les sphéroïdes*, que la section, orthogonale ou non, de ce que nous appelons un *cône oblique* peut encore donner une ellipse.

d'une section *orthogonale* d'un cône *obtusangle*, celle de l'ellipse enfin sur celui d'une section, toujours *orthogonale*, d'un cône *acutangle*.

En généralisant aussi bien le cône choisi que le mode de section choisi, en sorte qu'une section conique devînt une section quelconque d'un cône quelconque, Apollonius avait pu – et dû – s'assurer que les cas indéniablement restreints sur lesquels ses prédécesseurs, de Ménechme à Archimède, avaient raisonné ne les avaient pas empêchés d'accéder aux propriétés fondamentales de ces sections ; en sorte qu'il n'y avait rien à en retrancher, bien que ces propriétés, comme celles des entités qu'on avait pu en dériver, tels les conoïdes et les sphéroïdes, eussent été établies sur des cas particuliers. Apollonius en effet savait démontrer qu'à toute section conique, prise dans toute la généralité de sa nouvelle définition, on pouvait faire correspondre, outre le cône quelconque à partir duquel il l'avait initialement obtenue, un autre cône, droit celui-ci, et, selon le cas, rectangle, obtusangle ou acutangle, dont elle fût cette fois une section orthogonale. Ainsi sa généralisation s'imposait d'autant plus qu'il avait établi que cet élargissement s'opérait sans que rien fût perdu.

Apollonius arrivait ainsi à ce résultat qu'un cône quelconque pouvait être coupé, et ne pouvait être coupé que, de cinq manières différentes :

1) si le cône était coupé par un plan passant par le sommet, il disait alors que la section était un triangle, parce qu'il n'oubliait pas que le plan coupe aussi le cercle constituant la base du cône ; nous préférons dire aujourd'hui, en pareil cas, que la section obtenue est constituée par l'intersection de deux droites ;
2) si le cône était coupé par un plan parallèle à sa base, il disait que la section était un cercle, comme nous le dirions encore aujourd'hui ;
3) si le plan sécant était parallèle à une génératrice, on avait une parabole ;
4) si le plan coupait les deux nappes du cône de part et d'autre du sommet, on avait une hyperbole ;
5) si le plan coupait toutes les génératrices du même côté du sommet, on avait une ellipse.

Si Apollonius n'ajoutait pas à ces cinq sections coniques celle encore où, le plan sécant coupant seulement le cône par son sommet, la section obtenue est un point, ni celle où, la section s'opérant tangentiellement suivant une génératrice, donne une unique droite indéfinie, c'était sans doute pour cette raison quasi grammaticale qu'il s'agissait, pour un Grec, de *tangences* et qu'une tangence n'était pas une *section*.

La *généralisation* ultérieure, par laquelle on passera de cinq à sept sections coniques, supposait un simple élargissement du sens du verbe *couper* et du substantif *section*. Or une telle *généralisation* n'aura d'intérêt que lorsqu'elle conditionnera, nous le verrons un peu plus tard, un phénomène essentiellement autre qu'elle-même, à savoir une *thématisation*.

* * *

Dans l'immédiat, contentons-nous d'observer ce fait assez stupéfiant qu'Apollonius n'énonce de telles définitions géométriques, quelque remarquables que soient et leur généralité et la simplicité de leur caractère intuitif, qui ne pouvaient apparemment que les imposer à l'attention des géomètres, que pour s'en débarrasser immédiatement, que pour les éliminer au profit d'autres définitions, sans doute fondamentalement équivalentes, mais dont la présentation, toute différente, devait paraître au premier abord aussi étrange, pour ne pas dire *artificielle*, que celles dont on les dérivait et auxquelles Apollonius les substituait étaient intuitives et paraissaient *naturelles*.

Il semble qu'Apollonius ait compris que la généralisation de chacune des classiques sections coniques et la légitimation rétrospective des définitions restreintes sur lesquelles avaient tablé ses prédécesseurs, pour remarquables qu'elles eussent été en elles-mêmes, ne constituaient pas pour autant le mérite majeur auquel il pouvait prétendre. Car, à elles seules, elles n'eussent pas empêché la parabole, l'hyperbole et l'ellipse de demeurer des objets tout aussi spécifiquement géométriques que le cône à partir duquel on les obtenait.

C'est ici le lieu de revenir sur le rôle qu'ont pu jouer dans l'histoire des mathématiques les propositions 11, 12 et 13 du livre I des *Coniques*, par lesquelles leur auteur caractérisait respectivement *parabole*, *hyperbole* et *ellipse*. Ces trois propositions étant rédigées exactement de la même manière, nous nous contenterons ici de reproduire et de commenter la première d'entre elles :

> Si un cône est coupé par un plan [ABC] passant par son axe, et qu'il soit aussi coupé par un autre plan [DFE] coupant la base du cône suivant une droite [DE] perpendiculaire à la base [BC] du triangle passant par l'axe ; que, de plus, le diamètre [FG] de la section soit parallèle à un côté [AC] du triangle passant par l'axe, *le carré de toute droite [KL] menée de la section du cône, parallèlement à la section [DE] commune du plan sécant et de la base du cône, jusqu'au diamètre*

[FG] de la section, équivaudra au rectangle délimité par la droite [FL] qu'elle découpe sur le diamètre, du côté du sommet de la section, et par une autre droite, qui a, à la droite [AF] comprise entre le sommet de l'angle du cône et le sommet de la section, la même raison que le carré de la base [BC] du triangle passant par l'axe au rectangle délimité par les deux autres côtés [AB et AC] du triangle. *Qu'une telle section soit appelée parabole*[1].

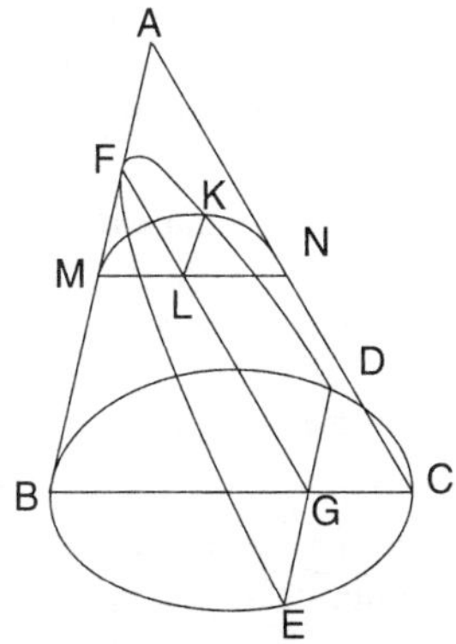

Cette proposition a la particularité, dont on retrouverait les équivalents aux propositions 12 et 13, de mêler ou combiner (faut-il dire : *remarquablement* ou *abusivement* ?) deux définitions avec un théorème. La première partie (en caractères romains) rejoint, en fin de compte, cette nouvelle *définition* de la parabole, à laquelle nous avons fait allusion, comme résultat d'une section parallèle à une génératrice d'un cône quelconque. La deuxième partie (en italiques) est un *théorème* énonçant une propriété de la parabole ainsi définie, que la suite de la proposition se chargera de démontrer, à partir notamment des propriétés déjà enveloppées dans cette définition. Mais ce théorème ne réussit à s'énoncer lui-même simplement que par recours à une autre définition, celle d'une « autre droite » ou d'une « certaine droite », qu'Apollonius appelle et que les contemporains de Descartes appelleront encore le *côté droit*[2], avant que Philippe de la Hyre ne la désigne comme *paramètre* ; cette seconde définition est donnée par la troisième partie (en caractères romains) de l'énoncé, et, référée à la figure jointe, elle revient à dire, d'une droite p, que

1. Nous reprenons, à quelques modifications près, la traduction de Paul Ver Eecke, *Les Coniques d'Apollonius de Perge*, p. 11. Mais nous combinons ici l'usage de l'écriture romaine à celui de l'italique, pour faire mieux ressortir les quatre étapes de cette unique phrase, dont la longueur est, grammaticalement, presque monstrueuse. Nous avons ajouté entre crochets l'indication des plans ou segments que le lecteur pourra ainsi retrouver sur la figure suivante.

2. ὀρθία ; v. pour Descartes, par exemple *Œuvres de Descartes*, tome VI, p. 401 ; Fermat ou Sluse disent en latin *rectum latus*, par exemple *Œuvres de Fermat*, publiées par Paul Tannery et Charles Henry, Paris, Gauthier-Villars, tome I, 1891, p. 96, et Renati Francisci Slusii *Mesolabum*, Leodii Eburonum, apud Guilielmum Henricum Streel, 1668, p. 38.

$$\text{p est côté droit de la parabole} = \frac{p}{df} = \frac{BC^2}{AB \times AC}$$

étant bien entendu que BC^2 et AB × AC désignent ici respectivement un carré et un rectangle au sens encore proprement géométrique. C'est cette *définition* du *côté droit* qui permet de donner du *théorème* ici énoncé la formulation simple qu'on pourrait écrire en représentant l'abscisse FL par *x* et l'ordonnée KL par *y*:

$$y^2 = px.$$

Après cette définition du *côté droit*, l'énoncé de la proposition 11 se termine, en quatrième partie, par une dernière, très brève, *définition* («Qu'une telle section soit appelée parabole»), par laquelle l'auteur annonce qu'il substitue le contenu du théorème qu'il vient d'énoncer à sa *définition* initiale, proprement géométrique, de l'objet *parabole*. Cette énonciation terminale érige en effet en propriété constitutive de la définition de la parabole celle que le théorème immédiatement précédent s'est proposé de déduire de la définition géométrique initiale.

Nous arriverions à des conclusions analogues par l'étude des propositions 12 et 13, où nous retrouverions les mêmes combinaisons de définitions avec un théorème qui pourrait s'écrire, pour l'hyperbole:

$$y^2 = px + \frac{p}{d}x^2$$

et pour l'ellipse

$$y^2 = px - \frac{p}{d}x^2$$

expressions dans lesquelles *p* désigne le paramètre, et *d* ce qu'on appelle le *diamètre* de la section.

* * *

La dissociation qu'il convient ainsi d'opérer, à l'intérieur des propositions 11, 12 et 13, entre ce qui y est *définition* et ce qui y est *théorème*, se trouve néanmoins, non certes contredite, mais contrastée par le fait que les trois noms mobilisés par Apollonius pour désigner ces entités d'une généralité nouvelle ont leur racine étymologique, non pas dans la partie proprement définitionnelle de ces propositions, comme on s'y attendrait, mais chaque fois dans leur partie théorématique. Car l'adoption des trois termes qui, depuis lors, désignent les trois sections ne relève pas de l'explication assez plate qu'en avait proposée Eutocius, mais de celle qu'en avait déjà suggérée Proclus[1] dans son commentaire du premier livre des *Eléments*, dont la lecture demande qu'on n'oublie pas que les trois termes grecs de *parabole*, d'*hyperbole* et d'*ellipse* signifiaient d'abord respectivement *application* ou *rapprochement*, *dépassement* ou *excès*, *insuffisance* ou *omission*.

La *parabole* ou *application* des aires, c'est-à-dire la construction sur un segment donné d'un rectangle équivalent à un carré donné (pour en proposer la formulation la plus simple) était une procédure déjà connue des anciens Pythagoriciens, nous dit Proclus, et reprise par les propositions 44 et 45 du livre I des *Eléments*. Or l'objet qu'Apollonius désignait de ce mot ressortit bien à une telle application, puisqu'on y fait correspondre exactement aux carrés y^2 les rectangles équivalents px. Les propositions 28 et 29 du livre VI des *Eléments* avaient élargi ce genre d'application sur une droite donnée au cas d'un parallélogramme égal à une figure rectiligne donnée, mais qui fût *défaillant* (c'est-à-dire en situation d'*ellipse*) ou *excédent* (c'est-à-dire en situation d'*hyperbole*) d'un parallélogramme donné. Dans les propositions 12 et 13 du livre I des *Coniques* d'Apollonius, ce parallélogramme (en l'occurrence un rectangle), excédent ou défaillant, se lit effectivement sur la figure qui accompagne le texte et c'est celui que, dans l'équation, nous avons désigné par $\frac{p}{d}x^2$, dont nous avions vu qu'il fallait l'additionner à px dans le premier cas, l'en soustraire dans le second, pour obtenir la valeur du carré y^2.

Un des traits les plus remarquables des propositions 11, 12 et 13 du livre I des *Coniques* est ainsi que les noms des entités qu'elles introduisent ne trouvent pas leur justification étymologique dans les définitions qui constituent leur point de départ, mais dans les théorèmes qu'elles en déduisent et qui énoncent les nouvelles propriétés qu'on substitue aux propriétés initiales pour en faire chaque fois une autre définition. Déjà avec Apollonius, ce que nous appelons *parabole*, *hyperbole* et *ellipse* ce ne sont plus essentiellement ces entités proprement géométriques que suggère pourtant le terme de *coniques* ; leur nouvelle apparence, quoique toujours géométrique, dissimule ce qu'on nommera beaucoup plus tard des *fonctions*. Car c'est une relation fonctionnelle, entre ce qui n'était pas encore une abscisse et une ordonnée, qui justifie leur nom.

1. Proclus de Lycie, *les Commentaires sur le premier livre des Eléments d'Euclide*, traduction Paul Ver Eecke, Bruges, Desclée de Brouwer, 1948, p. 356-357.

Une telle attitude, si originale au tournant du troisième et du deuxième siècle, entraînait des conséquences assez considérables dans l'économie du premier livre des *Coniques*. La propriété selon laquelle, dans la parabole, les abscisses sont entre elles dans la même raison que le carré des ordonnées, c'est-à-dire, pour nous référer à notre précédente figure :

$$\frac{FG}{FL} = \frac{DG^2}{KL^2},$$

propriété qu'Archimède se contente de rappeler à la proposition 3 de sa *Quadrature de la parabole*, avait pu être établie de la façon la plus simple par les premiers auteurs qui, comme Ménechme, avaient étudié les sections coniques, à un moment où il n'est pas sûr qu'ils eussent pour autant déjà rencontré l'objet *paramètre*[1] ; car, sans se soucier de ce paramètre, il leur suffisait de considérer l'enchaînement des proportions suivantes :

$$\frac{FG}{FL} = \frac{BG}{ML} = \frac{BG \times GC}{ML \times LN} \text{ (puisque GC = LN) } = \frac{DG^2}{KL^2} \text{ (de par les propriétés}$$

des triangles BDC et MKN, rectangles en D et en K).

La simplicité d'une telle possibilité de déduire directement de la seule définition de la parabole (aussi bien avant qu'après sa généralisation), la proportion entre les abscisses et le carré des ordonnées, rend d'autant plus remarquable qu'Apollonius n'y ait pas recouru, mais qu'à sa proposition I-20, il ait fait appel (faut-il dire : *inutilement*?) à la propriété démontrée par I-11, selon laquelle

$$DG^2 = p \times FG \quad \text{et} \quad KL^2 = p \times FL$$

dont il tire alors :

$$\frac{DG^2}{KL^2} = \frac{p \times FG}{p \times FL} = \frac{FG}{FL}.$$

L'originalité d'Apollonius est ici, en fin de compte, de rattacher à la fonction elle-même une propriété que la géométrie permettait pourtant d'établir avant même d'avoir reconnu cette fonction en tant que telle.

On observera, sur la démonstration précédente de I-11, que si de :

$$y^2 = px$$

on déduit immédiatement :

$$\frac{y_1^2}{y_2^2} = \frac{x_1}{x_2}$$

1. Sur cette question, *cf.* Thomas Heath, *A History of greek mathematics*, vol. I, p. 252-255.

une telle déduction, ne se faisant pas par voie d'équivalence, ne se laisse pas retourner ; car enfin, la proportion mentionnée, étant indépendante de la valeur de p, ne permet pas de la déterminer. C'est bien pourquoi, sans doute, quelle qu'eût été la facilité avec laquelle ses prédécesseurs avaient pu établir cette proportion entre abscisses et carrés des ordonnées, Apollonius éprouvait le souci de subordonner celle-ci à la construction du paramètre, et d'inscrire la valeur de ce dernier dans les propositions déjà où il donnait les définitions des sections coniques ; ce qui l'obligeait pourtant à regrouper en un seul, d'une manière qui n'était pas très orthodoxe, des définitions et un théorème.

Soulignons enfin que, quelque géométrique que soit encore la manière dont Apollonius introduit le paramètre, la proportion par laquelle il le définit :

$$\frac{\mathrm{p}}{\mathrm{AF}} = \frac{\mathrm{BC}^2}{\mathrm{AB} \times \mathrm{AC}}$$

manifeste immédiatement que sa valeur tend vers zéro quand la valeur du diamètre BC tend elle-même vers zéro, le cône devenant alors de plus en plus aigu, et qu'elle croît indéfiniment quand BC croît lui-même indéfiniment ou que le sommet A du cône se rapproche d'un quelconque des points B et C. La caractérisation qu'Apollonius donne du paramètre manifeste donc déjà que, quelle que soit la valeur de p entre zéro et l'infini, il y aura toujours une section conique qui y corresponde.

Pourtant récapitulons ce qu'Apollonius avait fait apparemment. Il était parti d'une définition de la parabole, de l'hyperbole et de l'ellipse, qui, chaque fois, présentait le double avantage

– d'être immédiatement intuitive

– de pouvoir s'exprimer de la façon la plus simple, que ce fût en grec ou en toute autre langue vernaculaire.

Or, par ses propositions 11, 12 et 13, il y substituait autant d'autres définitions, dont il fallait évidemment qu'elles fussent, en fin de compte, équivalentes aux premières, mais dont la présentation était incomparablement moins intuitive et pour lesquelles il était de surcroît à peu près impossible de trouver une expression linguistique simple, du moins si l'on en juge par le résultat auquel à cet égard Apollonius lui-même est parvenu, et qu'il ne semble pas qu'aucun de ses successeurs ait pu prétendre améliorer. Mais cette double inélégance patente ouvrait l'accès à une thématisation.

Une telle reconduction, opérée par Apollonius, des différentes sections coniques jusqu'à leur nature de fonction est sans doute ce qui a le plus contribué à faire que l'œuvre de cet auteur ait presque davantage impressionné les mathématiciens de la première moitié du XVIIe siècle que celle d'Archimède; bien que celle-ci eût eu un caractère beaucoup plus spectaculaire, dans la mesure même où elle s'attachait à inventorier les propriétés d'entités géométriques dont la représentation était accessible à tous, même aux profanes: *Apollonius Gallus* est revendiqué par Viète, *Apollonius Batavus* par Snell, *Apollonius Redivivus* par Marin Getaldic.

Non seulement Apollonius introduit, dans la définition même des coniques, des valeurs comme celles du paramètre et du diamètre, par sa caractérisation pré-algébrique de ce qui se présentait initialement comme proprement géométrique, mais surtout il permet ainsi de donner, des cinq coniques qu'il reconnaissait en tant que telles, une représentation où la vertu de la double écriture, initiée par Viète, manifestera de simples cas particuliers de l'équation générale du second degré à deux inconnues, comme nous l'avions vu, au chapitre précédent, pour Descartes.

* * *

Ainsi l'héritage d'Apollonius, en ce début du XVIIe siècle, ouvrait la porte à deux cheminements possibles. Sans doute pouvait-on aspirer à remonter encore la procédure de généralisation proprement géométrique en deçà du point qu'avait atteint Apollonius. Pascal, par exemple, en érigeant le théorème de l'« hexagramme mystique » en une unique définition dont on pût déduire toutes les propriétés coniques, allait, d'une certaine manière, dépasser le géomètre grec sur le terrain même de la géométrie. Mais il y avait aussi une autre manière de dépasser Apollonius, comme l'écrivait, jalousement mais justement, Descartes dans sa lettre à Mersenne du 25 décembre 1639[1]:

> Je ne trouve pas étrange qu'il y en ait qui démontrent les coniques plus aisément qu'Apollonius [...] Mais on peut bien proposer d'autres choses.

Ces « autres choses » consistaient en particulier à savoir reconnaître, sous les propriétés originales que l'auteur grec avait génialement substituées à celles qui lui avaient servi de point de départ géométrique, pour en faire un nouveau point de départ, déjà intimement algébrique celui-là, la relation générale, qui, dans l'écriture de Viète ou de Descartes, allait pouvoir s'exprimer sous la forme d'une équation du

1. *Œuvres de Descartes*, tome II, p. 627-628.

second degré à deux inconnues, et, ainsi érigée en entité nouvelle, pourrait être étudiée pour elle-même. En un certain sens, c'est parce que la nouvelle écriture savait *désigner* des objets x et y qui ne fussent pas pour autant *donnés*, qu'elle permettait aussi de thématiser *la relation* elle-même (on dirait bientôt « la fonction »), c'est-à-dire d'en traiter directement sans traiter pour autant des objets en relation.

Cette thématisation de la relation fonctionnelle, dont nous avons vu que Descartes reconnaissait à Florimond de Beaune qu'il *aurait dû* la prendre comme point de départ de sa propre démarche, au lieu de partir, comme il l'avait fait, de la résolution d'un problème précis, avait bien été le point de départ de Fermat dans son *Ad locos planos ac solidos isagoge*. Dans l'équation générale du second degré à deux inconnues, celui-ci distinguait six cas particuliers, selon la valeur que pouvaient prendre les différents paramètres ; il montrait que les quatre premiers et le dernier de ces six cas caractérisaient respectivement une droite, une hyperbole, à nouveau une droite, deux possibles paraboles, enfin une ellipse, tandis que le cinquième cas débouchait lui-même sur la triple possibilité d'obtenir un cercle, une ellipse et une hyperbole.

Sans doute cette analyse de Fermat n'atteignait-elle pas le degré de systématicité auquel s'astreindront plus tard, à sa suite, les auteurs des traités de géométrie analytique, organisant toutes les possibilités envisageables selon un jeu de dilemmes, trilemmes, voire tétralemmes, qui n'en laisse échapper aucune, en sorte qu'il soit bien établi et que l'équation donne toutes les sections coniques et qu'elle ne donne que des sections coniques. Au terme de l'examen des six cas successivement examinés, l'*honnête homme* qu'est Fermat, se contente d'ajouter que « d'une manière toute semblable tous les autres cas seront ramenés aux cas ci-dessus »[1]. Ainsi, parmi les sections rencontrables, pas plus que Descartes, il ne mentionne le point, cas jugé peut-être trop facile ; mais il rencontre en revanche, à deux reprises, la droite ; car la logique même de sa démarche analytique appelle la reconnaissance de sept sections coniques ; alors que le géomètre Pascal ne pouvait en reconnaître que cinq, à la suite d'Apollonius lui-même[2].

1. « Non absimili modo ad superiores casus reducentur reliqui ». *Œuvres de Fermat*, tome I, p. 102.

2. *Cf.* la définition II de l'*Essai pour les coniques* :

> Par le mot de section de cône nous entendons la circonférence du cercle, l'ellipse, l'hyperbole, la parabole et l'angle rectiligne, d'autant qu'un cône coupé parallèlement à sa base, ou par son sommet, ou des trois autres sens qui engendrent l'ellipse, l'hyperbole et la parabole,

Dans la mesure où Fermat, à la différence de Descartes, a pris la peine de développer cette remontée, à partir des différentes formes de l'équation, vers les différentes sections coniques qu'on peut leur faire correspondre, il est possible d'observer sur sa démarche que celle-ci ne comporte rien de particulièrement *analytique*, au sens que nous avions reconnu à ce mot dans nos trois premiers chapitres. Si l'on peut faire état, comme nous-même à l'instant, d'une *remontée*, terme qui étymologiquement déjà nous encourage à parler d'*analyse*, c'est parce que cette démarche part de la *propriété* en direction de l'*objet géométrique*, alors que le discours descriptif perçu comme normal est celui qui part de l'*objet* pour en énoncer les *prédicats*. Mais la démarche de Fermat, comme celle de ses successeurs, en géométrie dite *analytique*, ne comporte rien d'intrinsèquement analytique, ne présuppose pas quelque équivalence justifiant une possible inversion du cours normal du raisonnement démonstratif. Elle est une synthèse d'inférences ordinaires. L'emploi du terme d'*analyse* peut ici prêter à confusion, si l'on ne reconnaît pas qu'il tient seulement à ce que la démarche du mathématicien, tout en demeurant proprement synthétique, prend son départ, à l'inverse du discours ordinaire, immédiatement dans la relation, ou si l'on préfère, dans la fonction, en direction des entités géométriques dont celle-ci exprime les différents caractères.

Que la démarche de la géométrie analytique, depuis Descartes et Fermat, reste essentiellement synthétique, nous en aurions une preuve supplémentaire, s'il en était besoin, dans le fait qu'il arrive à une telle analyse de procéder par l'absurde, dans les cas où il s'agit de montrer que telle possibilité apparente qu'on est amené à envisager doit être abandonnée puisqu'elle débouche sur l'impossible[1]. Or nous avions pris soin, dans notre premier chapitre[2], de montrer que le raisonnement apagogique ne pouvait ressortir à ce que nous-même caractérisions comme la démarche analytique, qui essentiellement l'exclut.

> engendre dans sa superficie conique, ou la circonférence d'un cercle,
> ou un angle, ou l'ellipse, ou l'hyperbole, ou la parabole.

Pascal, *Œuvres complètes*, édition Jean Mesnard, II, 1970, p. 231.

1. Contentons-nous d'en donner un seul exemple, qu'on peut trouver dans l'exposé consacré aux sections coniques du tome II des *Principes de l'analyse mathématique* de Pierre Boutroux, 1919, p. 54. Examinant toutes les formes que peut revêtir l'équation du second degré à deux inconnues, l'auteur est notamment conduit à un cas, où il montre que cette équation équivaudrait alors à admettre l'égalité de la somme de deux nombres négatifs avec le nombre 1 ; ce qui permet, par l'absurde, de rejeter cette hypothèse.

2. *Cf.* ci-dessus, p. 16 et s.

Pour en revenir au parallèle entre Descartes et Fermat, la moindre ambiguïté de la démarche du second relativement à celle du premier se manifeste en ce que, à l'inverse de Descartes, qui était parti d'un problème de lieu, à savoir le *problème de Pappus*, Fermat au contraire termine son exposé de géométrie analytique par un problème de lieu. On ne s'étonne pas que ce problème ne soit pas sans quelque ressemblance avec celui qui avait servi à Descartes de point de départ, alors qu'il ne s'agit pour Fermat que d'une illustration, donnée après coup, de ce qu'a été son analyse [1] :

> Ouvrons la voie à la pratique par un seul exemple : étant donnés deux points N et M, trouver le lieu des points I tels que, si l'on joint les droites IN et IM, la somme des carrés de ces segments ait une raison donnée au triangle INM.

Fermat traite d'emblée et directement de la fonction. D'une telle étude les solutions rendues possibles de problèmes de géométrie ne sont jamais qu'un sous-produit, destiné peut-être à rassurer celui qui s'inquiéterait de l'étrangeté du nouvel objet.

*
* *

La seule chose qui puisse desservir Fermat aux yeux du lecteur moderne est que sa fidélité à l'écriture de Viète ne lui a pas permis de se dégager, aussi brillamment que l'avait fait Descartes, des contraintes et servitudes de la théorie euclidienne des *Données* ; à moins que, plus précieux ou moins *classique* (comme nous dirions aujourd'hui) que l'auteur du premier livre de *La Géométrie*, il ait éprouvé, moins que lui, un certain orgueil de la transparence.

Non que la substitution de l'opposition des dernières avec les premières lettres de l'alphabet à celle des voyelles avec les consonnes ait elle-même amélioré en quoi que ce soit la lisibilité de l'expression algébrique. Le meilleur de la réforme scripturaire proposée par Descartes fut surtout de réserver les majuscules romaines à la désignation des points, extrémités ou sommets de la géométrie, et les minuscules italiques à la désignation des quantités algébriques, qu'elles fussent censées données ou censées inconnues. Quand Sluse un peu plus tard adaptera cette réforme à la vieille écriture de Viète, il rendra celle-ci

1. *Œuvres de Fermat*, tome I, p. 102 :

> Unico exemplo fiat via ad practicen : Datis duobus punctis N, M, inveninendus locus a quo si jungas rectas IN, IM, quadrata rectarum IN, IM ad triangulum INM datam habeant rationem.

presque aussi facilement déchiffrable que l'écriture cartésienne, qu'il sera seulement alors trop tard pour concurrencer efficacement.

Ce sont probablement ces raisons étroitement scripturaires, plus que la seule force d'inertie inhérente à la tradition, qui amènent l'auteur de l'*Isagoge* à recourir encore fréquemment au vocabulaire de la théorie des *Données*, à parler de triangle *donné d'espèce*, de droite, de cercle ou de parabole *donnés de position*. Sans doute fera-t-on valoir que l'usage que Fermat fait ici de tels mots est généralement métalinguistique. Il n'en reste pas moins qu'il n'hésite pas à citer ici au passage un authentique théorème de théorie des *Données*, « très belle proposition », dit-il, dont il est lui-même le découvreur[1] :

> Si des lignes droites en nombre quelconque sont données de position, que d'un point on mène à ces lignes des droites suivant des angles donnés, et que l'espace sous les droites menées et données soit rendu égal à un espace donné, le point sera sur une ligne droite donnée de position.

Mais il est très révélateur de la révolution qui s'effectue avec Fermat et Descartes, grâce à eux sans doute et pourtant partiellement à leur insu, que ce que des raisons grammaticales évidentes nous ont fait qualifier d'« authentique théorème » en termes de *Données*, pourrait désormais se traduire, sans recours à un tel vocabulaire, en la forme classique d'un théorème qui dirait que *le lieu des points ainsi obtenus est une droite*, à moins qu'on ne préfère à un tel théorème le problème qui demanderait de *construire la droite qui répondrait à de telles conditions*.

A ces quelques singularités près, qui confèrent à l'*Isagoge* une apparence superficiellement archaïque au regard du lecteur contemporain, la démarche de Fermat est plus simple et plus univoquement analytique que celle de l'auteur de *La Géométrie*. Elle part en effet directement de l'équation du second degré et remonte assez systématiquement de ses différentes formes jusqu'aux sections coniques dont elles représentent les respectives propriétés ; alors que la démarche plus ambitieuse de Descartes devait faire face à l'ambiguïté de deux formes d'analyse : remontée des diverses conditions, données ou inconnues, de la solution d'un problème jusqu'à l'équation qui les réunissait ; puis remontée des diverses formes de la fonction du second degré jusqu'aux entités géométriques dont elles étaient les respectives propriétés. La manière même dont Descartes avait abordé cette seconde remontée

1. « Si sint quotcumque rectae lineae positione datae atque ad ipsas a quodam puncto ducantur rectae in datis angulis, sit autem quod sub ductis et datis efficitur dato spatio aequale, punctum rectam lineam positione datam continget. » *Ibid.*, p. 93.

l'obligeait à se montrer moins simple, moins systématique et finalement plus maladroit que l'auteur de l'*Isagoge*.

* * *

Descartes et Fermat, à la découverte de la nouvelle analyse, sont loin d'être des isolés. Arrêtons-nous au cas, moins étudié jusqu'ici, de René François de Sluse (Renatus Franciscus Slusius), né en 1622, mort en 1685, chanoine de la cathédrale de Liège, auquel nous n'avons pu faire qu'allusion.

Ce sympathisant du Jansénisme et contemporain de Pascal a échangé avec celui-ci une correspondance dont ce qui nous est parvenu témoigne de leur estime mutuelle, estime d'autant plus remarquable qu'il y avait entre les deux une radicale différence d'inspiration mathématique, dont on aurait pu craindre qu'elle constituât un fossé. Comme Sluse l'écrivait lui-même [1] :

> je ne suis pas du sentiment de M. Pascal touchant l'*Analyse speciose*, de laquelle je fais plus grand cas que lui, et j'ose dire que les preuves que j'en ai sont si grandes que non seulement elles me persuadent, mais elles m'obligent d'en faire une estime bien grande. J'avoue que le retour en est bien souvent difficile: mais, parce que, quand j'ai fait exactement l'analyse, je suis aussi sûr de la solution du problème comme si je l'eusse démontré par synthèse, je ne me soucie pas quelquefois d'en chercher la construction la plus aisée, me persuadant ce qu'en une autre occasion M. Pascal dit: *non esse par labori praemium.*

Cette méthode analytique qui lui est chère, et devant laquelle Pascal restait réticent, Sluse en fait hommage à Viète et, dans sa correspondance avec Huygens, il s'irritera même un jour que Pascal ait eu à son propre égard la courtoisie appuyée de vanter la nouveauté de *son* analyse [2] :

> En ce qui concerne mon analyse, je ne sais pourquoi Dettonville a voulu l'appeler nouvelle, car j'avoue n'en pas connaître d'autre que celle de Viète (j'en avais en effet pris l'habitude avant de voir celle de Descartes et je trouve que celle-ci ne diffère pas beaucoup de celle-là).

1. Pascal, *Œuvres complètes*, édition Jean Mesnard, IV, 1992, p. 103.
2. *Ibid.*, p. 646.

Sluse explique ainsi pourquoi notamment il continuera à désigner les inconnues et les paramètres respectivement par des voyelles et des consonnes sans adopter la notation cartésienne.

Sluse illustre donc sa conception de la moderne analyse sur le problème, hérité de la plus ancienne tradition grecque, de la construction de deux moyennes proportionnelles entre deux segments donnés. Qu'une telle construction ne pût se faire sans recours aux sections coniques était déjà connu des Grecs. Pappus, dans la lettre à Pandrosius qui ouvre son livre III, ironise sur un soi-disant grand géomètre qui prétendait savoir s'en acquitter à la règle et au compas. Comme le second livre du traité *De la sphère et du cylindre* envisageait une série de problèmes qui présupposaient qu'on sût construire deux telles moyennes, Eutocius avait, dans son commentaire de l'ouvrage d'Archimède, exposé différentes manières dont les Anciens avaient pu y procéder. Nous avions vu [1] que, selon ce témoignage, au IVe siècle déjà, Ménechme avait obtenu ces deux moyennes aussi bien par intersection d'une parabole et d'une hyperbole que par celle de deux paraboles. Certains auteurs de la tradition islamo-arabe avaient encore indiqué d'autres manières de les construire que celles que les Grecs avaient données [2].

Le problème sur lequel Sluse centrait ainsi son attention n'avait pas été négligé par Descartes qui, au livre III de sa *Géométrie*, proposait une manière au moins à demi analytique de construire deux moyennes proportionnelles entre deux segments donnés a et q. Descartes faisait d'abord observer que, si nous appelons z la première des deux moyennes cherchées, la seconde sera $\frac{z^2}{a}$; on aura donc pour quatrième et dernier terme de la proportion la valeur $\frac{z^3}{a^2}$. Mais

$$q = \frac{z^3}{a^2}$$

1. Ci-dessus, p. 59 et s.

2. *Cf.*, par exemple, la note de Paul Ver Eecke, p. 425-426 de son édition des *Coniques d'Apollonius de Perge* et l'article d'Ahmed Djebbar, « La contribution d'Al-Mu'taman et son influence mathématique hors d'Al-Andalus », in *Huit siècles de mathématiques en Occitanie*, Editions C.I.H.S.Q., Toulouse, 1995, Actes du colloque de Toulouse et de Beaumont-de-Lomagne du 10 au 13 décembre 1992, p. 42.

est une équation du troisième degré qu'on écrira plus classiquement :

$$z^3 = a^2 q.$$

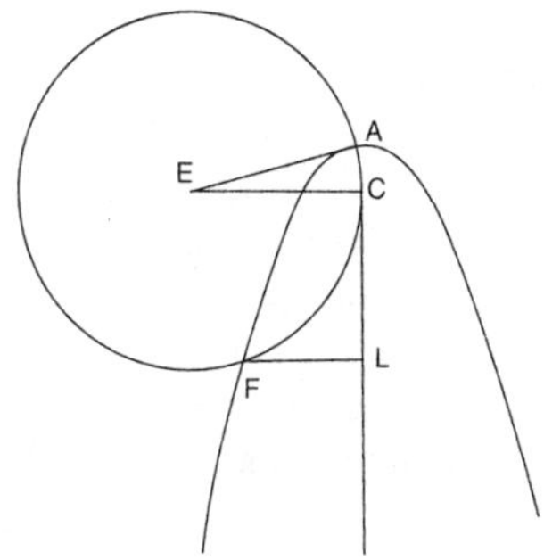

Descartes s'accordait alors une parabole de paramètre a ; au point C pris sur son axe à partir du sommet A, en sorte que $AC = \frac{a}{2}$, il élevait perpendiculairement le segment CE égal à $\frac{q}{2}$. Le segment EA était le rayon du cercle de centre E, qui coupait la parabole au point F. La propriété caractéristique de la parabole suffisait à établir que le segment FL, perpendiculaire à son axe au point L était moyenne proportionnelle entre le paramètre a et le segment AL, tandis que le recours au *théorème de Pythagore* permettait, à lui seul, de démontrer que le segment AL était, à son tour, moyenne proportionnelle entre FL et q.

Dans ces conditions le propos de Sluse ne pouvait pas être simplement d'indiquer une nouvelle manière, voire de nouvelles manières, de construire deux moyennes proportionnelles, puisqu'il en existait déjà, et depuis longtemps, beaucoup. Son originalité sera de communiquer une méthode pour résoudre ce problème, comme il le dit lui-même[1], « en une infinité de façons » ; cette infinité va donc s'étendre à la solution de problèmes classiquement reconnus comme réductibles à celui-ci, en particulier à la duplication du cube, à la trisection de l'angle et, plus généralement encore, aux équations des troisième et quatrième degrés. Si l'on en croit son propre témoignage[2], quand il publie sa méthode, il y a longtemps qu'il l'a trouvée. Dans sa correspondance avec Huygens[3], il fait état des difficultés, liées notamment à l'établissement des figures, qui ont entravé cette publication et l'obligeront finalement à faire paraître son traité, non à Louvain, comme il l'avait d'abord espéré, mais à Liège.

Sa méthode se heurtera d'ailleurs à une certaine indifférence des cartésiens, qui feront valoir le peu d'intérêt d'un tel apport après *La Géométrie*. Sluse répliquera, dans une lettre à Pascal[4], que la démonstration qu'il existe *une infinité* de manières d'établir deux moyennes

1. Pascal, *Œuvres complètes*, édition Jean Mesnard, IV, 1992, p. 108.
2. *Ibid.*
3. *Ibid.*, p. 280 et 643-644.
4. *Ibid.*, p. 275-276.

proportionnelles n'est pas directement abordée par Descartes et que, par conséquent, sa propre «invention n'est pas commune» et qu'«elle ne dépend non plus des productions de M. Descartes que celles-ci ne dépendent de ce que Ménechmus, Dioclès et les autres anciens ont écrit sur ce sujet». Car, s'il est le premier, nous l'avons vu, à refuser toute originalité à *son analyse*, il revendique au contraire l'originalité de *sa méthode*; il semble que la maladresse de Pascal, dans des lettres qui ne nous sont pas parvenues, ait été seulement de confondre terminologiquement l'une et l'autre.

Sluse réussira finalement à publier son *Mesolabum*, ouvrage dont Leibniz nous apprend, dans un projet de lettre à Jacques Bernoulli [1], que Huygens l'estimait suffisamment pour lui avoir conseillé, lors de son séjour à Paris, d'en ajouter la lecture à celle de *La Géométrie*, pour son apprentissage de la nouvelle analyse.

* * *

Sous l'apparence archaïque d'une reprise du problème de la construction de deux moyennes proportionnelles entre deux segments donnés, qui, nous l'avions vu [2], renvoyait déjà au Ve siècle av. J.-C., le chanoine de Liège faisait, dans la grande tradition du siècle classique, du profondément neuf à partir du vieux. Sa démarche, d'une architecture extrêmement simple, consistait à montrer que la supposition même de l'existence de deux segments qui fussent moyennes proportionnelles entre deux segments donnés équivalait à un système de deux équations du second degré à deux inconnues, qui se laissaient elles-mêmes manipuler d'une infinité de manières; à cette infinité de manières analytiquement explorables on pouvait ensuite faire correspondre autant de sections coniques distinctes dont le jeu des intersections permettrait de résoudre un quelconque problème de construction de deux moyennes proportionnelles d'une infinité de manières.

La démarche de Sluse était donc *analytique* en ce qu'elle procédait à partir de la fonction, dont l'auteur montrait qu'il était très facile de l'établir, en direction de la solution d'un problème de construction proprement géométrique. L'analyse ainsi proposée n'avait pas grand-chose de commun avec celle suivant laquelle le premier livre de *La Géométrie* avait magistralement et longuement dégagé les bases de l'équation du second degré dont partait le livre II. Sluse, quant à lui,

1. *Mathematische Schriften*, édition Gerhardt, vol. 5, p. 73.
2. *Cf.* ci-dessus, p. 58 et s.

obtenait ses équations tout de suite et autant qu'il en voulait. C'est donc de ce travail sur les fonctions qu'il déduisait toutes les solutions géométriques souhaitables, plus proche sans doute sur ce point de la démarche de Fermat que de la démarche, au moins initiale, de Descartes, mais d'une manière à laquelle on pouvait reconnaître une certaine originalité relativement à l'un et à l'autre.

L'analyse de Sluse, à plus forte raison, n'avait plus, sous la similitude apparente des sujets abordés, que des rapports assez lointains avec la démarche analytique des Anciens, principal objet de nos trois premiers chapitres. Elle reste proprement déductive, sans rien qui la distingue essentiellement d'une démonstration synthétique ordinaire. Nul souci particulier de s'en tenir à des inférences équivalentielles, même si l'abondance des conclusions tirées, que suscite désormais la rapidité des procédures algébriques, tend à induire quasi naturellement un grand nombre d'équivalences, la plupart du temps à peu près inaperçues. Sans doute y a-t-il bien *remontée* de la supposition du problème résolu vers les conditions de sa solution. Cette similitude apparente avec les géomètres grecs est au plus la marque du classicisme de son auteur, sous laquelle se dissimule l'autre *remontée*, inverse du courant ordinaire, de la propriété fonctionnelle des entités géométriques jusqu'à ces entités elles-mêmes.

Le *mésolabe* était un instrument constitué par un jeu de trois tablettes rectangulaires égales, coulissantes, qui, si l'on en croit le témoignage d'Eutocius d'Ascalon, avait été imaginé au IIIe siècle av. J.-C. par Eratosthène en vue d'obtenir, d'une manière qu'on disait alors *mécanique*, deux moyennes proportionnelles entre deux segments donnés, dont les Grecs avaient clairement compris qu'elles ne pouvaient en aucun cas se construire par le simple usage de la règle et du compas. De cet instrument une version équivalente, quoique constituée cette fois de tablettes triangulaires, se trouvait aussi mentionnée dans la *Collection mathématique* de Pappus [1].

Le livre de Sluse ne sera pas au XVIIe siècle le seul à porter ce nom. L'année même où paraît sa seconde édition, paraît aussi le livre de son aîné Grégoire de Saint-Vincent, mort un an auparavant, *Opus geometricum ad mesolabium per rationum proportionalitatumque*

1. *Collection mathématique*, tome premier, p. 40-42. La lecture du texte d'Eutocius d'Ascalon se trouve, dans les versions françaises modernes, gênée par la fait que la figure donnée par l'édition Ver Eecke des *Œuvres complètes d'Archimède* (tome II, p. 612) et reprise sans modification par l'édition Mugler (tome IV, p. 68) ne peut qu'induire à chercher les parallélismes, sur lesquels table le raisonnement, ailleurs que là où ils sont.

novas proprietates. Mais surtout Descartes, dans sa *Géométrie*, avait proposé ce qu'on peut appeler une généralisation de l'instrument en question à un nombre quelconque de moyennes proportionnelles, qui lui permettait d'illustrer, bien au delà des simples sections coniques, sa classification des courbes géométriques jusqu'à l'infini.

L'ambition de Sluse était plus modeste que celle de Descartes, en ce sens que l'infinité qui l'intéressait n'était pas celle-là. Sluse ne prétendait pas déborder du domaine des sections coniques. Nous avions été amené, déjà en ce début de notre chapitre III auquel nous venons de faire allusion[1], à souligner que les trois proportions qu'avait dû présupposer Ménechme

$$\frac{a}{x} = \frac{x}{y} \quad \& \quad \frac{x}{y} = \frac{y}{b} \quad \& \quad \frac{a}{x} = \frac{y}{b}$$

étaient à leur manière équivalentes à la conjonction des trois équations du second degré à deux inconnues :

$$ay = x^2 \quad \& \quad bx = y^2 \quad \& \quad xy = ab.$$

Tel est bien l'exact point de départ de Sluse, comme le reconnaît la fin du premier paragraphe de sa seconde partie, que nous traduisons littéralement[2] :

> Je me contente de prévenir que, pour les distinguer, j'ai coutume de désigner les quantités inconnues par des voyelles, les connues pas des consonnes. Et pour en venir à notre sujet, dans ce problème où il s'agit de trouver deux moyennes proportionnelles entre deux extrêmes données, j'appelle *b* la plus grande, *d* la plus petite des données, et semblablement *a* la plus grande et *e* la plus petite des moyennes, en sorte qu'on ait la proportion *b*/*a*/*e*/*d*. J'en tire les équations *be*//*aa*, *da*//*ee*, *ae*//*bd*.

On peut vérifier que ces équations, une fois transposées dans l'écriture de Descartes, équivalent bien à la conjonction des trois équations précédentes[3]. Or c'est de ces trois équations, caractéristiques, chacune

1. Ci-dessus, p. 148 et note 2.

2. Renati Francisci Slusii *Mesolabum, seu duae mediae proportionales inter extremas datas per circulum et per infinitas hyperbolas vel ellipses*... Accessit pars altera De analysi et Miscellanea, Leodii Eburonum, Apud Guilielmum Henricum Streel, 1668, p. 51.

3. Nous transposerons par la suite, dans nos traductions, la notation de Sluse en celle de Descartes, plus accessible au lecteur moderne, bien que la première ne soit pas plus ambiguë que l'autre. Dans le cas présent, le contexte montre bien en effet que les trois barres verticales, qui séparent, chacune de celle qui la suit, les quatre

des deux premières d'une parabole, la troisième d'une hyperbole, que Sluse montrera qu'on peut déduire une infinité d'autres.

* * *

Mais Sluse n'entendait pas communiquer ses découvertes d'une manière aussi directe. C'est vraisemblablement le souci, après tout pédagogique, de leur conférer, aux yeux des connaisseurs, un caractère un peu spectaculaire qui l'incite à publier son *Mesolabum* en deux temps, selon une mise en scène un peu analogue à celle dont Pascal lui-même avait usé pour communiquer les résultats qu'il avait obtenus sur la cycloïde.

La première partie de son ouvrage, parue en 1659, et qui sera reproduite en 1668, ne s'écartait nullement de la plus stricte synthèse. Elle comportait seize problèmes ou, plus exactement, solutions de problèmes, qualifiées de *propositions*. Sluse y intercalait un certain nombre de théorèmes, qualifiés de *lemmes*, auxquels ces propositions pouvaient être amenées à recourir. Pour chaque problème il donnait donc d'abord l'indication de la construction proposée, puis la démonstration que cette construction répondait bien aux exigences du problème.

Les six premières propositions, qui constituaient la première étape, s'attaquaient ainsi directement et explicitement à la construction de deux moyennes proportionnelles entre deux segments donnés. Toutes commençaient par inscrire dans un cercle le rectangle construit à partir de ces deux segments, le problème étant ensuite de trouver une ellipse (propositions 1 et 4) ou une hyperbole (propositions 2, 3, 5 et 6), qui par son intersection avec le cercle initial permettait de déterminer les moyennes proportionnelles. Les propositions 1 et 2 faisaient en outre explicitement observer que la procédure exposée eût permis d'obtenir aussi simplement une infinité d'autres ellipses ou hyperboles répondant au même problème. La proposition 4 avait ceci de propre que, ayant à rejoindre le problème classique de la duplication du cube, il lui fallait raisonner sur le cas particulier où les moyennes proportionnelles étaient cherchées entre deux segments dont l'un fût le double de l'autre.

La deuxième étape, consacrée à la construction des problèmes solides, réunissait six propositions (de 7 à 12) présentant un ensemble de solutions qui couvraient en fin de compte l'équation générale du troisième degré à une inconnue. Trois cas étaient distingués, dont

lettres *b*, *a*, *e*, *d*, signifient qu'il y a proportion continue de la 1re à la 2e, de la 2e à la 3e et de la 3e à la 4e.

chacun se trouvait résolu, d'abord au moyen d'un cercle et d'une ellipse, puis au moyen d'un cercle et d'une hyperbole, Sluse prenant généralement le soin de souligner qu'il y avait une infinité de façons (*infinitis modis*) d'obtenir de telles solutions.

La proposition 13 opérait la trisection de l'angle, d'une manière originale relativement à celle qu'avait indiquée Descartes[1] et d'ailleurs plus simplement que celui-ci. Le livre III de *La Géométrie* ayant en effet supposé un arc de cercle donné, recourait à une parabole de paramètre égal au rayon de ce cercle. C'est à partir de cette parabole qu'il construisait un second cercle, d'autant plus évidemment distinct du premier que son rayon était plus grand, et dont l'une des intersections avec cette parabole permettait d'obtenir la longueur de la corde sous-tendant le tiers cherché de l'angle initial. Sluse, au contraire, part du cercle même dont il faut trouver le tiers d'un arc donné, pour déterminer la section conique, en l'occurrence l'hyperbole, dont une intersection avec cet arc livrera directement le point cherché.

La troisième étape du traité de Sluse était constituée par les deux propositions 14 et 15, chargées d'établir que les problèmes solides, résolus à l'étape précédente au moyen d'un cercle et d'une ellipse ou hyperbole, pouvaient aussi bien se résoudre au moyen d'un cercle et d'une parabole.

La proposition 14 commençait par construire deux moyennes proportionnelles. Le rapprochement de ce résultat avec ceux qu'il avait antérieurement obtenus permettait à Sluse de réunir en un *corollaire* la conclusion essentielle de son traité : puisque paraboles, ellipses et hyperboles, auxquelles on pouvait recourir, coupaient au même point le cercle, initialement construit à partir des deux segments donnés, on pouvait obtenir les deux moyennes par intersection de deux quelconques de ces quatre sections coniques, et cela d'une infinité de manières.

La proposition 15 reprenait le problème de la trisection de l'angle, qu'il résolvait au moyen d'un cercle et d'une parabole, alors que nous

1. Édition Adam et Tannery, tome VI, p. 470 et s. S'il est impossible, en comparant la solution de Descartes à celle de Sluse, d'accuser le premier d'inélégance relative, c'est que le propos de ce passage du livre III de *La Géométrie* est de montrer que le problème de la trisection de l'angle se laisse résoudre, tout aussi bien que se laisse résoudre l'équation générale du troisième ou du quatrième degré, ou que se laissent construire deux moyennes proportionnelles entre deux segments donnés, chaque fois à partir d'une parabole de paramètre déterminé. C'est relativement à cette parabole que Descartes trace ensuite le cercle dont les intersections avec celle-ci donneront, selon le cas, les racines de l'équation, les moyennes proportionnelles, ou la corde qui sous-tend le tiers de l'angle au centre du cercle initial.

avons vu que la solution donnée à la proposition 13 recourait à l'intersection d'un cercle et d'une hyperbole. Par le fait même, le rapprochement de cette proposition 15 avec la solution que le livre III de *La Géométrie* avait donnée du même problème s'impose encore plus que pour la proposition 13. La simplicité de la solution de Sluse y éclate, puisque, à la différence de ce qui se passait chez Descartes, rappelons-le, c'est bien l'arc de cercle lui-même qu'on se propose de diviser en trois, dont l'intersection avec la parabole donnera la solution.

La seizième et « ultime » proposition visait encore à construire deux moyennes proportionnelles par intersection d'une ellipse et d'un cercle. Mais, à l'inverse de tous les cas antérieurement rencontrés, où Sluse était parti d'un cercle et se proposait ensuite de déterminer l'ellipse dont les intersections avec ce cercle livreraient la solution, il partait cette fois d'une ellipse pour déterminer ensuite le cercle. Car enfin, comme il le faisait observer avant d'introduire cette proposition 16[1] :

> On a montré au début de ce livre comment résoudre le problème de deux moyennes à partir d'un cercle, par une infinité d'ellipses ou d'hyperboles, mais non pas par n'importe laquelle. Mais l'analyse montre qu'on obtient le même résultat avec n'importe quelle section conique.

Seulement, quand Sluse publie ceci pour la première fois, en 1659, il n'a pas encore indiqué la manière dont on peut procéder à une telle analyse, qui ne sera publiée qu'avec la seconde partie, en 1668.

* * *

Il était évidemment important, dans l'esprit de Sluse, que cette première partie demeurât strictement synthétique. C'est cette version, dont ce qui nous reste de leur correspondance[2] nous apprend qu'il réussit à faire parvenir un exemplaire à Pascal ; lequel, à sa grande déception, ne semble pourtant pas en avoir pris sérieusement connaissance. Il est difficile de savoir s'il faut l'imputer à l'aggravation de l'état de santé de Pascal, excuse que celui-ci pouvait le plus facilement invoquer, ou encore à son désintérêt alors croissant pour les mathématiques en général, ou plutôt peut-être aux réserves foncières qui avaient toujours été les siennes face à ces moyens analytiques, dont il était évidemment capable de deviner qu'ils constituaient le ressort caché de

1. *Mesolabum*, p. 43.
2. Pascal, *Œuvres complètes*, édition Jean Mesnard, IV, 1992, p. 599-705.

cette première partie, mais auxquels sa prodigieuse intuition de géomètre n'avait jamais éprouvé le besoin de recourir.

La seconde partie du *Mesolabum*, celle qui paraîtra en 1668 réunie à la réédition de la première, dont elle livre en quelque sorte la clef, s'intitule explicitement: *De analysi*. Elle part donc, comme nous l'avons vu[1], des trois équations obtenues à partir de la supposition de l'existence, entre les deux grandeurs données *a* et *b*, des deux moyennes proportionnelles *x* et *y*:

① $ay = x^2$

② $bx = y^2$

③ $xy = ab$

dont Sluse en son temps, sur ce point privilégié par rapport à Ménechme, est capable de voir en toute clarté que leur correspondance respective à deux paraboles et à une hyperbole est indépendante de la valeur de l'angle entre les droites sur lesquelles sont portés *x* et *y*. En additionnant ou soustrayant deux à deux les termes de ces trois équations, il obtiendra donc les six équations suivantes:

④ $ay + y^2 = x^2 + bx$

⑤ $ay - y^2 = x^2 - bx$

⑥ $ay + xy = x^2 + ab$

⑦ $ay - xy = x^2 - ab$

⑧ $xy + y^2 = ab + bx$

⑨ $xy - y^2 = ab - bx$

Sluse sait que ④ est l'équation d'une hyperbole, que ⑤ sera celle d'un cercle ou d'une ellipse, selon que les coordonnées seront ou non perpendiculaires entre elles, que ⑥, ⑦, ⑧ et ⑨ correspondent chacune à une hyperbole.

Ces constatations amènent Sluse à conclure[2] peut-être un peu rapidement:

> il est donc évident que, si l'on admet que l'angle que contiennent *x* et *y* est droit, il y aura un grand nombre de constructions possibles du problème par le moyen d'un cercle, à savoir autant qu'il peut y avoir de combinaisons d'un cercle, de deux paraboles et de six hyperboles.

1. Ci-dessus, p. 150.
2. *Mesolabum*, p. 52.

En fait, on peut facilement démontrer que, parmi les 36 combinaisons deux à deux des neuf équations précédentes, 18 seulement peuvent donner les valeurs des deux moyennes proportionnelles *x* et *y*. Le propos de Sluse, pris à la lettre, ne serait pas exact, si on l'interprétait au sens restreint où les combinaisons envisagées seraient exclusivement celles d'un cercle avec une des deux paraboles ou des six hyperboles rencontrées ; car seules les combinaisons de l'équation ⑤ avec l'une des équations ①, ② ou ④ pourraient alors encore donner les deux moyennes cherchées.

Ne chicanons cependant pas Sluse sur ce point, qui ne diminue en rien la portée de ses remarques ; d'autant que, quel que soit le nombre des combinaisons envisageables, comme il le fait observer lui-même, ce n'est pas, en tout état de cause, de cette seule manière que nous pourrions établir qu'il existe une infinité de solutions, comme l'annonçait le titre de l'ouvrage.

Ayant donc à prouver l'existence d'une infinité de sections coniques dont l'intersection avec un cercle donné permette de trouver les deux moyennes proportionnelles, Sluse indique préalablement comment construire le cercle dont l'équation est ⑤, étant entendu que les coordonnées doivent alors être perpendiculaires. Soit donc

⑤ $ay - y^2 = x^2 - bx$

Circonscrivons un cercle au rectangle dont les deux côtés AD et AC ont respectivement les valeurs *a* et *b*. FF' étant une perpendiculaire quelconque à CB, les propriétés des triangles semblables QBF et QF'C donnent la proportion :

$\frac{QB}{QF'}$ c'est-à-dire $\frac{QB}{EF} = \frac{QF}{QC}$

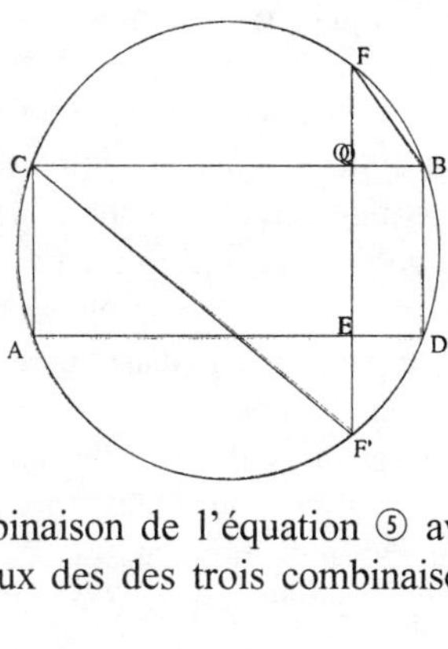

et, si l'on désigne les deux segments variables QC par *y* et EF par *x* :

$$\frac{a-y}{x} = \frac{x-b}{y}$$

proportion évidemment équivalente à l'équation ⑤.

Comme nous avons vu que la combinaison de l'équation ⑤ avec les équations ① et ② correspondait à deux des des trois combinaisons susceptibles de nous donner les deux moyennes cherchées, nous ne nous étonnerons pas que Sluse ait pu faire de ① et ② l'origine d'une infinité d'hyperboles ou d'ellipses, dont l'intersection avec le cercle préalablement construit lui permît de trouver les deux moyennes cherchées entre a et b.

En effet l'équation ② est équivalente à

❷ $$\frac{abx}{q} = \frac{ay^2}{q}$$

expression dans laquelle q peut prendre une infinité de valeurs. Or, en composant ❷ avec ①, on peut obtenir d'une part :

$$ay + \frac{ay^2}{q} = x^2 + \frac{abx}{q}$$

équation qui donnera donc, si l'on fait varier la valeur de q, une infinité d'hyperboles, et, d'autre part :

$$ay - \frac{ay^2}{q} = x^2 - \frac{abx}{q}$$

équation qui donnera cette fois une infinité d'ellipses.

Sluse montre alors que la seconde de ces deux équations correspond à cette ellipse à laquelle recourait la *proposition* 1 de la première partie de son *Mesolabum*, comme la première de ces deux équations correspond à l'hyperbole dont faisait état la *proposition* 2. Il serait ici fastidieux, après ce double exemple, d'accompagner encore l'auteur dans son exposé systématique des reconstitutions analytiques des différentes propositions dont la première partie n'avait fourni que la synthèse et dont, neuf ans après, il donne enfin la clef. Contentons-nous de souligner que, lorsque Sluse cherche une section conique dont les intersections avec un cercle permettent de déterminer deux moyennes proportionnelles, il fait toujours recours à l'une des trois combinaisons dont nous avions vu [1] que seules elles pouvaient aboutir à l'établissement de deux moyennes, bien que sa manière d'en parler ne montre pas qu'il en ait eu lui-même explicitement conscience et bien que son fréquent recours complémentaire à quelque autre des neuf propositions risque parfois de le dissimuler.

Ne revenons donc pas sur le baroque foisonnement d'équations ainsi destiné à illustrer l'infinité des couples de sections coniques suffisant à déterminer deux moyennes proportionnelles, pour remplir les promesses du titre, et surtout à retrouver, à partir des fonctions exprimées chacune par une équation à deux inconnues, les constructions

1. Ci-dessus, p. 155.

synthétiquement géométriques qu'avait communiquées la première partie.

Sluse fait en outre observer[1] que la méthode dont il use, non seulement permet d'expliquer comment parvenir à ces constructions de la première partie, mais donne le moyen d'étendre encore le champ de la géométrie. Par exemple, au lieu de chercher à déterminer d'emblée les deux moyennes proportionnelles entre deux segments donnés, on pourrait aussi résoudre le problème un peu différent de déterminer d'abord une seule de ces deux moyennes ; après quoi, bien sûr, la détermination de la seconde ne relèverait plus que de la règle et du compas.

* * *

Après cette élucidation analytique des problèmes dont avait traité la première étape de sa première partie, Sluse procède de la même manière pour les problèmes de la deuxième étape, c'est-à-dire pour les « problèmes solides », revenant ainsi sur les solutions qu'il avait indiquées pour les propositions de 7 à 12. De la même manière encore, il sera amené à revenir sur le problème de la trisection de l'angle, qui avait été l'objet de ses propositions 13 et 15.

Dans le traitement analytique des problèmes solides, Sluse, sans doute pour initier plus progressivement son lecteur au principe de sa méthode, s'applique d'abord chaque fois à quelque cas particulier d'une difficulté plus élémentaire avant de s'attaquer au cas général. Ainsi il ne donne la solution de l'équation générale du troisième degré[2] qu'après avoir traité du cas particulier où manque le terme en x ; de même il ne donne la solution générale de l'équation du quatrième degré qu'après avoir abordé successivement

– le cas où il n'y a ni terme en x^2 ni terme en x (*affecta sub cubo*),

– celui où il n'y a ni terme en x^3 ni terme en x^2 (*affecta sub latere*),

– celui où manque seulement le terme en x (*affecta sub cubo & quadrato*).

1. *Mesolabum*, p. 65.

2. Cf. *Mesolabum*, p. 89. Dans le latin de Sluse, cette équation générale est désignée comme *aequatio affecta sub latere & quadrato*, tandis que l'équation où manque le terme en x est dite seulement *affecta sub quadrato*.

Mais la manière dont il présente chaque fois les coefficients des différents monômes témoigne de son souci de bien répondre à la généralité, même délibérément restreinte, du cas auquel il s'attache, bien qu'il évite de perdre du temps à s'en expliquer estimant que ces choses doivent être déjà familières « à n'importe quel novice en géométrie »[1].

Par ces démarches préalables à l'étude du cas le plus général, Sluse se proposait en particulier de faire comprendre à son lecteur deux choses importantes pour sa méthode :

1) qu'on pouvait toujours faire correspondre à une équation du troisième ou du quatrième degré une proportion équivalente ; ainsi pour reprendre le plus simple de ses exemples, l'équation

$$x^3 + bx^2 = bd^2$$

équivaut à la proportion

$$\frac{d^2}{x^2} = \frac{x + b}{b}$$

2) qu'en recourant à une inconnue auxiliaire on pouvait introduire une moyenne entre deux termes, comme dans la proportion précédente la moyenne y entre $x + b$ et b

$$\frac{x + b}{y} = \frac{y}{b}$$

proportion équivalente à l'équation

$$y^2 = bx + b^2$$

en l'occurrence celle d'une parabole.

Ainsi le lecteur pouvait, avant l'étude du cas le plus général auquel Sluse le préparait, comprendre que la méthode appliquée aux équations du 3e ou du 4e degré à une inconnue allait consister à en ramener la solution à celle d'un système de deux équations du second degré à deux inconnues représentant chacune une conique.

Au terme de ces préliminaires, Sluse nous livre enfin, en conclusion de son traité, sa méthode de construction des solutions des équations des 3e et 4e degrés sous forme de « règle universelle », dont nous exposerons rapidement le principe.

Pour embrasser d'un même mouvement les équations des 3e et 4e degrés, Sluse propose de transformer en équation du 4e degré celle du 3e, en multipliant chacun de ses termes par l'inconnue, disons *par x*. Il peut donc partir de l'équation que nous modifions à peine en l'écrivant :

$$x^4 - 2bx^3 + bnx^2 + b^2px - b^2d^2 = 0$$

1. *Mesolabum*, p. 88.

dont l'examen manifeste cependant que l'usage qui est fait de la lettre *b* empêche d'y inclure le cas où le terme en x^3 serait nul, alors que l'un au moins des trois termes suivants ne le serait pas. Aussi Sluse doit-il, pour embrasser toutes les formes de l'équation du quatrième degré, ajouter à la considération de ce cas, où *b* n'est évidemment pas nul, un second cas dans lequel l'équation ne comporte pas de terme en x^3 et se réduit donc à la forme :

$$x^4 + bnx^2 + b^2px - b^2d^2 = 0.$$

Il indique alors que l'inconnue auxiliaire qui permettra la transformation de l'équation du 4e degré à deux inconnues sera *y*, telle que

1) dans le premier cas $x^2 = qy + bx$
2) dans le second cas $x^2 = qy$

équations correspondant chacune à une parabole, où il est important de remarquer que *q* peut prendre une infinité de valeurs.

Lorsqu'il aura ainsi établi l'équivalence de l'équation du 4e degré à la conjonction de cette même équation avec celle d'une parabole, Sluse pourra encore établir leur équivalence avec la conjonction de cette équation d'une parabole avec celle

– d'abord d'une hyperbole,
– puis d'une autre parabole,
– ensuite d'un cercle,
– enfin d'une ellipse.

Mais comme ces équations sont fonction, non seulement des valeurs de *b*, de *n*, de *p* et de *d*, mais aussi de la valeur de *q*, et que celle-ci peut être arbitrairement choisie, c'est, pour chaque espèce de section conique, entre une infinité d'exemplaires que nous avons le choix.

* * *

La seconde partie de la seconde édition du *Mesolabum* livrait ainsi la manière dont son auteur avait pu, dans sa première édition, dont le contenu avait été repris en première partie de la seconde, montrer, par la voie la plus classiquement synthétique, qu'il y avait non pas exactement de nombreuses manières, mais une infinité de manières, de construire deux moyennes proportionnelles entre deux segments donnés, et, par le fait même, de résoudre tous les problèmes dont on savait qu'ils pouvaient se réduire à une telle construction : duplication du cube, trisection de l'angle et solution des équations des troisième et quatrième degrés.

L'originalité de la démarche de Sluse, l'habileté, pourrait-on dire, de sa mise en scène, digne de celles de son correspondant Pascal, tenait à ce que, autant sa première partie était élégante, rigoureuse et par elle-même suffisante, autant la seconde, coup de théâtre, se chargeait d'en établir, en fin de compte, la totale inutilité: *non esse par labori praemium* [1].

Que la méthode, dont cette seconde partie imposait la supériorité, ait été analytique, ne signifie évidemment pas qu'elle ait toujours reposé sur une véritable inversion du cours des démonstrations constitutives de la synthèse. Sans doute part-elle de la supposition du problème résolu, c'est-à-dire de l'existence supposée de deux moyennes x et y entre a et b. Mais n'allons pas croire que la culture humaniste de Sluse lui ait fait simplement sur ce point récupérer l'héritage d'Hippocrate de Chios ou de Ménechme. Ce serait oublier que le chanoine de Liège ne s'appuie sur de classiques proportions eudoxiennes que pour y substituer immédiatement des fonctions, les seules choses qu'il soumette à diverses transformations, reléguant les entités géométriques dans un rôle d'illustration.

Le *Mesolabum* était évidemment moins riche que *La Géométrie*, puisqu'il ne dépassait pas l'ordre des problèmes solides; mais, dans les limites qu'il s'imposait, il était aussi beaucoup moins ambigu. Là où l'auteur de l'*Isagoge* lui-même s'était borné à montrer que l'équation du second degré à deux inconnues recouvrait l'ensemble des sections coniques, Sluse procédait à un inventaire méthodique et rigoureux des ressources qu'on pouvait tirer des propriétés algébriques correspondantes; inventaire auquel le recours aux considérations géométriques se trouvait entièrement subordonné. L'analyse, avec lui, était pleinement l'étude d'un nouvel objet.

1. *Cf.* ci-dessus p. 145.

CONCLUSION

La reconnaissance de deux formes d'analyse fondamentalement distinctes, vers laquelle nous ont acheminé les considérations précédentes, renvoie à une distinction corrélative portant sur la nature des objets auxquels s'arrête l'attention du mathématicien.

La géométrie grecque, pour commencer par elle, d'Euclide à Apollonius, traite d'objets, que sans doute on ne rencontre eux-mêmes, ni plus ni moins, dans le monde de notre perception immédiate, que Diogène ne parvenait à y rencontrer *l'homme*, mais qui sont des formes, propriétés ou relations (*substances secondes*, aurait-on dit en termes aristotéliciens) concernant les objets, eux-mêmes immédiatement rencontrés dans notre expérience naturelle, et que la tradition aristotélicienne qualifiait de *substances premières*, les seuls qui existassent à l'état séparé et dont la reconnaissance n'impliquât pas la moindre *abstraction*:

> En dehors des grandeurs sensibles, est-il écrit dans *De l'âme*[1], aucune chose n'existe séparément; c'est dans les formes sensibles que sont les intelligibles, ce qui se dit en abstraction, tous les états et propriétés des choses sensibles.

C'est de ces objets que la géométrie élémentaire dit qu'ils sont des *segments de droite*[2], des *triangles*, des *cercles*, des *cônes*, etc. et qu'ils peuvent être, selon le cas, *parallèles à*, *plus grands que* ou *semblables à* tel autre objet du même niveau d'existence. Si même ces formes et relations ne se manifestent pas toutes, disons *à l'état naturel*, dans le monde de l'expérience sensible, du moins s'y laissent-elles artificiellement reproduire et imiter, et, plus facilement encore, représenter et

1. 432 a 3-6.

2. Peu importe ici que les Grecs les aient désignés simplement comme des *lignes droites* (εὐθεῖαι γραμμαί).

imaginer. De ces objets de la géométrie élémentaire on peut dire, à plus forte raison, ce que Pascal disait déjà de la cycloïde elle-même[1] :

> La roulette est une ligne si commune, qu'après la droite et la circulaire, il n'y en a point de si fréquente, et elle se décrit si souvent aux yeux de tout le monde etc.

Nous nous sommes, au dernier chapitre, arrêté à l'exemple des sections coniques. Ce que nous savons des lois de la perspective suffit à nous convaincre que nous les rencontrons constamment dans notre expérience naturelle, ou du moins que nous devrions les y rencontrer, si la manière dont s'élabore assez artificiellement notre perception ne nous dissimulait les données d'une immédiateté que l'auteur d'une fresque, de Masaccio à Tiepolo, ne pourra jamais que reconstituer ou reconquérir.

Nous avions vu que, lorsque les géomètres grecs avaient établi les propriétés fondamentales de ces sections coniques, ils avaient dû d'abord procéder à une *généralisation* (généralisation qui semble bien avoir demandé plus d'un siècle), qui permît de les considérer comme ce que nous appelons aujourd'hui *sections quelconques d'un cône quelconque*. Une telle généralisation, suivant laquelle l'ensemble des sections coniques initialement étudiées par un Ménechme, voire par un Archimède, se trouvait simplement inclus dans celui dont les contemporains d'Apollonius savaient enfin reconnaître toute l'ampleur, ne modifiait nullement le caractère essentiel de ces entités, propriétés d'objets immédiats.

Lorsque le géomètre grec considère les sections, orthogonales ou non, de cônes droits ou quelconques, ou qu'il envisage, comme Archimède dans *Sur les conoïdes et sphéroïdes*, les entités à trois dimensions obtenues par rotation des sections précédentes autour de leur axe, si complexes que puissent être ses raisonnements et démonstrations, les objets de son discours restent encore des formes ou propriétés d'objets naturels au moins possibles, ni moins existantes ni plus existantes que *l'homme* de Diogène. Nous sommes toujours dans ce qu'on appelle aujourd'hui quelquefois une logique du premier ordre.

La situation deviendra évidemment toute différente, nous l'avons encore vu au chapitre précédent, quand les mathématiciens du XVIIe siècle, à partir d'une propriété de ces sections coniques, dont Apollonius retrouvait différentes versions dans la parabole, l'hyperbole et l'ellipse, y reconnaissant chaque fois son respectif caractère fondamental, allaient constituer un objet mathématique nouveau, que la notation imaginée

1. Édition Jean Mesnard, IV, 1992, p. 214.

par Viète et Descartes permettrait de désigner directement ; alors que la propriété ainsi thématisée ne se rapportait plus cette fois à quelque objet naturel, mais elle-même à des propriétés de tels objets. Cet objet tout nouveau, nous avions vu qu'il se laissait lui-même *généraliser*, sans qu'une telle généralisation pût être confondue avec celle, obtenue dès la fin du IIIe siècle av. J.-C., de la notion de section conique, avec laquelle on pouvait tout au plus la mettre en parallèle.

Le propos de notre étude, à partir de la mathématique grecque, nous a ainsi conduit à privilégier, comme exemple de *thématisation* d'une propriété antérieurement reconnue, l'équation du second degré à deux inconnues, considérée comme propriété de l'objet géométrique *section conique*. Le privilège d'un tel exemple est, en outre, intrinsèquement, d'avoir été historiquement celui, sinon de la première, du moins de l'une des premières thématisations connues. Au XVIIe siècle, par la grâce d'Apollonius, le mécanisme en est comme enclenché : l'histoire des mathématiques sera marquée par une succession de telles thématisations, dont le rythme s'accentuera encore au XIXe siècle.

De telles thématisations nous trouverions des exemples, au delà de la notion de *fonction*, déjà du XVIIe au XIXe, dans le développement des notions de *suite* et de *série*, mieux encore dans la manière dont Bolzano réussit à dégager de toute schématisation, métaphore ou référence empirique, pour l'ériger en objet nouveau par simple voie définitionnelle, la possible propriété de la fonction qu'on appelle sa *continuité*. Mais nous préférons ici retenir encore un exemple plus intuitif, et de ce fait plus facile à expliquer, de thématisation d'une propriété repérée d'abord sur des objets qu'on n'eût pas spontanément songé à rapprocher les uns des autres.

Karine Chemla a montré [1] comment Euler avait reconnu que les angles et les côtés d'un triangle tracé sur une sphère jouaient des rôles symétriques dans le corps de la trigonométrie sphérique, comment il avait aussi perçu les rôles symétriques joués dans l'ensemble des polyèdres par leurs faces et leurs sommets, imaginant même de nouvelles notations particulièrement adaptées à la manifestation de certaines de ces symétries. On sait aujourd'hui que ces phénomènes ne sont eux-mêmes que les conséquences d'une propriété qui se retrouve, dans un cas comme dans l'autre, à travers la différence des situations. K. Chemla souligne que ce phénomène de *dualité* n'a commencé à être pour lui-même thématisé que quelques décennies plus tard par Ger-

1. « What is the content of this book ? A plea for developing history of science and history of text conjointly », in *Philosophy and the History of Science : a Taiwanese Journal*, vol. 4, Number 2, oct. 1995, p. 1-4.

gonne. Ici encore la *thématisation* est l'érection en objet autonome d'une propriété rencontrée sur des objets mathématiques différents. Faut-il souligner que cette procédure n'a rien à voir avec une *généralisation*?

De même ce qu'on appelle un *groupe*, un *anneau* ou un *corps* ne résulte nullement d'une *généralisation* des ensembles, de présentations les plus diverses, à l'intérieur desquels le mathématicien s'attache à les reconnaître, là même où les auteurs plus anciens ont pu les approcher sans les avoir aperçus. Seule la thématisation dont leur reconnaissance procède explique qu'on puisse les retrouver à travers les apparences les plus dissemblables[1].

* * *

Sans doute l'histoire des mathématiques du XIXe siècle témoigne-t-elle d'une certaine hésitation sur la manière d'accéder à ces entités nouvelles, dont la considération allait de plus en plus s'imposer à l'attention du mathématicien. Certains auteurs, encouragés d'ailleurs par l'exemple de Leibniz, ont pu chercher à les atteindre par la voie d'une simple généralisation, qui permît de retrouver certaines structures fondamentales déjà implicitement présentes dans divers ordres de réalité. Sans que nous ayons à nous y attarder ici, reconnaissons que le rejet par Frege de l'œuvre logique de Boole pouvait s'inspirer d'une légitime méfiance pour ce genre de démarche.

Nous ne citerons ici d'autre exemple de tentative de procédure par généralisation que celle de la *Formenlehre*[2] de Robert Grassmann. Celui-ci s'y propose en effet de construire « la doctrine des formes ou mathématique » suivant cinq étages successifs :

– théorie ou doctrine des grandeurs
– théorie du concept ou logique

1. En revanche, comme on passe de la notion de *groupe* à celle d'*anneau*, puis de *corps*, par addition d'axiomes exprimant chaque fois des conditions supplémentaires, ce passage des précédentes aux suivantes n'implique évidemment lui-même aucune thématisation. Rien donc n'empêcherait de dire ici que la notion de *groupe* est *plus générale* que celle d'*anneau*, qui est à son tour *plus générale* que celle de *corps*. Insistons-y dès maintenant avant d'avoir à revenir sur cette notion de *corps*.

2. *Die Formenlehre oder Mathematik*, Stettin, 1872, réédité par Georg Olms, Hildesheim, 1966. *Cf.* sur l'œuvre de Robert Grassmann l'article de Jean-Claude Pont, « Le nombre et son statut vers le milieu du XIXe siècle, à la lumière de quelques traités », à paraître dans les Actes du colloque *La Pensée numérique*, organisé conjointement par le centre François Viète (Nantes) et l'unité d'Histoire et philosophie des sciences de l'université de Genève, les 7-10 septembre 1999.

– théorie des combinaisons
– théorie des nombres ou arithmétique
– théorie, enfin, de la grandeur extensive *(Ausdehnungslehre)* empruntée à son frère Hermann.

A l'intérieur de chacun de ces différents étages Robert Grassmann croit retrouver des propriétés ou structures communes, qui dans son esprit justifieraient donc une généralisation:

> Il y a une série de lois et de liaisons (*Knüpfungen)*, écrit-il, qui sont communes à toutes les branches de la doctrine des formes, comme les lois de l'égalité *(Gleichheit)*, les lois de l'addition ou jonction *(Fügung)*, celles de la multiplication ou du tissage *(Webung)*. Toutes ces lois ont valeur et application dans la théorie du concept (logique), comme dans celle des nombres (arithmétique), celle des combinaisons, celle de la grandeur extensive. Il est non-scientifique de déduire ou de présupposer sans déduction et sans preuve ces mêmes lois quatre fois, au lieu de les déduire et démontrer scientifiquement une fois pour toutes dans le tronc commun de la doctrine des formes [1].

Ainsi, pour nous en tenir à cet exemple, il se garde de construire distinctement les multiples formes des relations d'équivalence que recouvre souvent l'usage du signe = (notamment identité, congruence, équivalence propositionnelle), pour s'appuyer sur la généralisation de leurs propriétés communes. La notion d'*équation* lui paraît donc fondamentale. Il va jusqu'à dire qu'elle « ne présuppose aucune logique, aucune grammaire »; qu'« elle seule peut fournir une forme rigoureuse de pensée », qu'« elle seule vaut universellement pour toute pensée, puisqu'en elle chaque grandeur peut désigner tout ce qui est ou peut devenir objet de pensée » [2].

Si intrinsèquement intéressante que soit en elle-même cette tentative pour obtenir par une simple généralisation ce que les travaux mathématiques de beaucoup de ses contemporains permettront d'édifier par un jeu de thématisations successives, ce qu'il faut bien considérer comme son échec fondamental se remarque à des détails dont nous ne donnerons ici qu'un exemple. La lecture de la *théorie du concept* convainc immédiatement que le privilège accordé à l'*égalité-identité-équivalence* ne permet pas à Robert Grassmann de faire place à d'autres formes de prédicats que ce qu'on appelle aujourd'hui les

1. *Id.*, I, *Die Grösenlehre*, p. 17-18.
2. *Id.*, II, *Die Begriffslehre oder Logik*, p. 4.

prédicats monadiques. Dans une telle situation, il n'a donc pas de mal à retrouver, sur la nouvelle base qu'il propose, tous les résultats de la logique aristotélicienne ; ajoutons qu'il récupérerait tout aussi efficacement, s'il les connaissait, les résultats de son contemporain George Boole. Mais sa démarche ne lui livre en revanche aucun accès à toutes les formes de relation, dont l'importance logique se révèle peu à peu à la même époque, et qu'une œuvre comme celle de Frege (entre autres) accueille au contraire tout naturellement.

En tout état de cause, il n'y a pas la moindre *généralisation* dans les passages successifs des entiers aux relatifs, des relatifs aux rationnels, des rationnels aux réels, des réels aux complexes. On érige chaque fois des entités nouvelles. De même, lorsqu'on thématise la notion de *corps*, par énonciation des axiomes habituels qui la caractérisent, on érige en objet la possibilité elle-même, pour reprendre la formule de Dedekind[1], *qu'on puisse toujours procéder aux quatre opérations fondamentales pour deux individus quelconques, c'est-à-dire que le résultat en soit toujours à nouveau un individu déterminé, à la seule exception de la division par le nombre zéro*.

La notion de *corps* désigne ainsi un ensemble de propriétés qu'on pourra traiter en tant que tel, dégageant tout ce qui s'en déduit, et qui par le fait même s'appliquera, non seulement aux ensembles numériques à partir desquels le mathématicien eut un jour l'idée de thématiser cette notion, mais à des ensembles, dont il n'était pas question initialement qu'ils pussent eux-mêmes constituer des *corps*, et parfois dont l'existence n'avait jusqu'ici même pas encore été évoquée.

Le paradoxe est ici que Dedekind, en choisissant ce terme de *corps* pour désigner ces ensembles numériques, ainsi pourvus de propriétés opératoires qu'on ne pouvait toujours trouver au niveau des ensembles à partir desquels eux-mêmes étaient élaborés, utilisait (délibérément ?) le mot par lequel la *Métaphysique* d'Aristote[2] avait reconnu au contraire aux substances premières cette « antériorité substantielle », dont elle nous dit qu'elle est « le partage des êtres qui l'emportent par la faculté d'exister à l'état séparé ». A l'autonomie fondamentale de l'objet physique s'est substituée l'autonomie opératoire d'un autre objet, dont il n'est certes pas impossible de dire qu'il est *construit*, si l'on veut souligner que son existence se situe à un tout autre niveau que celle du précédent, même si les propriétés qui font son objectivité offrent une complétude et une résistance à l'arbitraire dont on ne trouverait pas

1. *Stetigkeit und irrationale Zahlen*, Braunschweig, Friedrich Vieweg, 1872, p. 13.
2. 1077 b.

l'équivalent dans les objectivités de niveau inférieur, à partir desquelles nous disons pourtant qu'il a été *construit.*

*
* *

Mais la thématisation ne présuppose pas nécessairement la préalable reconnaissance directe d'une propriété ou d'un ensemble de propriétés immédiatement saisis en tant que tels. Il arrive plus souvent que ce qui est d'abord saisi en tant que tel soit une relation d'équivalence, dont la reconnaissance suggère et justifie alors celle d'une propriété de niveau immédiatement supérieur.

Il y a plus d'un siècle que Frege et Peano en ont donné des exemples, parfois d'autant plus convaincants qu'ils étaient simples et proches même du langage ordinaire, tel celui du concept de *direction* dans les *Fondements de l'arithmétique*[1] :

> Le jugement : « la droite *a* est parallèle à la droite *b* », en symboles :
>
> a‖b
>
> peut être interprété comme une égalité *(Gleichung).* Si nous faisons cela, nous obtenons le concept de direction et nous disons : « La direction de la droite *a* est égale *(gleich)* à la direction de la droite *b* ». Nous remplaçons donc le signe ‖ par le signe plus général *(das allgemeinere Zeichen)*[2] =, en répartissant sur *a* et *b* le contenu du premier. Nous divisons le contenu de manière autre que l'originelle et gagnons ainsi un nouveau concept. Il est vrai qu'on interprète souvent la chose inversement et que bien des maîtres définissent : les droites parallèles sont celles qui ont même direction [...] Dommage seulement que le véritable état de choses soit ainsi mis à l'envers ! Car enfin il faut bien que tout ce qui est géométrique soit à l'origine intuitif. Or je demande si quelqu'un a une intuition de la direction d'une droite. De la droite, oui ! mais dans l'intuition distingue-t-on de cette droite encore sa direction ? Difficilement ! Ce concept n'est trouvé que par une acti-

1. Frege, *Die Grundlagen der Arithmetik, Eine logisch mathematische Untersuchung über den Begriff der Zahl*, Breslau, Wilhelm Koebner, 1884, § 64.

2. Faisons observer qu'en toute rigueur *dans le vocabulaire que nous avons ici adopté*, le signe = n'est pas, relativement au signe ‖ , « plus général » mais appartient à un niveau de langage immédiatement supérieur.

vité de l'esprit liée à l'intuition. En revanche on a une représentation de droites parallèles[1].

Pour mieux montrer combien la thématisation du concept est logiquement, et peut être, de ce fait, chronologiquement, postérieure à la perception de la relation d'équivalence, Frege prend alors l'exemple de la propriété commune à deux plans parallèles. L'intérêt de cet exemple tient précisément à ce que cette propriété est rarement pensée par les géomètres directement pour elle-même, rarement, dirions-nous, érigée en concept. Frege nous dit qu'il a cependant, exceptionnellement semble-t-il, rencontré pour un tel usage le nom de *Stellung (position)*. Ici la relation d'équivalence, qui est le parallélisme de deux plans, suffit encore aussi bien à la constitution d'un concept autonome, à sa thématisation, que la relation de similitude entre deux triangles, pour reprendre encore un autre exemple de Frege, suffit à l'érection de cette propriété commune à l'un et à l'autre que nous appelons leur *forme* singulière.

Dix ans plus tard, en 1894, dans l'exposé de ses *Notations de logique mathématique*, qui constitue l'*Introduction au Formulaire de mathématique*, Peano tiendra des propos analogues sur la genèse des « idées qu'on obtient par abstraction[2] et dont s'enrichissent incessamment les sciences mathématiques »[3]. Comment, se demande-t-il, le mathématicien peut-il constituer « un objet de nature différente de tous ceux qu'on a jusqu'à présent considérés » ? Il faut, répond-il, qu'il établisse, entre les éléments en question, une relation qui soit à la fois *réflexive* (Peano dit « réflexe »), *symétrique* et *transitive*, puisque « toute relation [...] qui satisfait à ces trois conditions a les propriétés de l'égalité ». Quelquefois, observe Peano, le signe de la relation ainsi érigée en

1. Laissons de côté l'arrière-fond kantien de ce texte, pour ne retenir que sa simplicité de constat, et cette fraîcheur qui fait de Frege, par certains textes, une sorte de Douanier Rousseau de la philosophie (« Nous remplaçons donc le signe ∥ par le signe =, en répartissant sur *a* et *b* le contenu du premier. Nous divisons le contenu de manière autre que l'originelle... »).

2. L'emploi de ce terme d'*abstraction* pourrait inspirer les mêmes réserves que nous avions émises à la note 2, p. 167 à l'encontre de celui de l'adjectif *général* par Frege. Il faut seulement prendre garde que chaque fois que Peano parle de « définition par abstraction », ce n'est jamais d'une généralisation, mais toujours d'une thématisation qu'il s'agit. Nos présentes réserves sur de tels usages terminologiques, qu'on retrouverait encore chez Russell, tiennent à ce que le mot d'*abstraction* risque d'évoquer la conception aristotélicienne d'une *aphairésis*, sorte de prélèvement opéré directement sur l'objet.

3. Turin, 1894, p. 45 et s. Nous préférons ici paraphraser le texte de Peano que le citer tel quel, parce que ce texte, en lui-même remarquable, est fâcheusement, dans sa version originale, écrit dans un français assez médiocre.

idée est « un signe déjà connu » ; mais, continue-t-il, s'il n'est pas encore connu (c'est-à-dire, ajouterons-nous, si l'on n'avait encore aucune perception directe de la propriété thématisée, antérieurement à celle de la relation d'équivalence qui a elle-même permis cette thématisation), on peut introduire le nouvel objet « défini seulement par l'égalité », du moins s'il y a avantage à l'introduire.

On trouverait déjà dans les *Eléments* d'Euclide deux exemples d'une telle thématisation fondée sur une relation d'équivalence, qui n'ont l'un et l'autre nullement échappé à Peano, même si, nous inspirant de cet auteur, nous préférons ici reprendre ses analyses à notre propre manière.

Commençons par la définition 20 du livre VII, qui, introduisant la proportion entre quatre nombres (entiers naturels), ou, si l'on préfère, l'égalité de deux raisons entre deux nombres, fonde ainsi la notion de *raison entre nombres entiers naturels* :

> Des nombres sont proportionnels quand le premier est le même multiple, ou la même partie, ou les mêmes parties du deuxième que le troisième l'est du quatrième.

Comment l'auteur euclidien, sur la base d'une définition nominale, en admettant seulement qu'on sache ce qu'est un entier naturel et ce que sont des parties d'un tout, peut-il thématiser, faire exister en tant que telle, la raison d'un de ces entiers à l'autre, en sorte qu'on puisse[1] désormais écrire, comme une simple abréviation, a, b, c et d étant des entiers naturels :

$$\frac{a}{b} = \frac{c}{d} \ ?$$

Le *definiens* proposé par le texte d'Euclide pour un tel *definiendum* revient à la relation d'équivalence suivante :

> a est tel multiple, telle partie ou telles parties[2] de b si et seulement si c est le même multiple, la même partie ou les mêmes parties de d,

ce que nous avons désigné par l'adjectif *tel* correspondant à des variables elles-mêmes universellement quantifiées.

1. On sait que les Grecs ne se permettaient pas eux-mêmes ce genre d'écriture, même si leur définition, à elle seule, en ouvrait la possibilité théorique.

2. Peu nous importe ici ce que signifient exactement ces expressions, dont nous savons que certaines mériteraient d'être expliquées. Mais ceci n'est pas notre présent problème, qui est seulement de faire valoir l'existence indiscutable d'une relation d'équivalence, quelles que puissent être nos difficultés à en déterminer l'exact contenu.

Sans s'attarder au détail, un peu archéologique, d'une telle définition, le texte de Peano[1] évoque aussi la possibilité, retenue par Stolz dans ses *Vorlesungen über allgemeine Arithmetik*, de faire correspondre au même *definiendum* la relation d'équivalence beaucoup plus simple encore

$$a \times d = b \times c,$$

dont il ne faut pas oublier néanmoins que, si Euclide, malgré sa simplicité, ne l'a pas retenue, c'est peut-être parce qu'elle eût elle-même présupposé la notion de *multiplication*, qui devait lui paraître moins radicalement fondamentale que celle de *partie*, dont la définition 20 se contentait.

Mais cette définition, par laquelle le livre VII caractérisait la raison de nombre entier à nombre entier, ne pouvait évidemment s'appliquer aux grandeurs, puisque celles-ci pouvaient être entre elles incommensurables, c'est-à-dire qu'il arrivait qu'il fût impossible de trouver, chez l'une et l'autre, une même partie dont toutes deux fussent des multiples. Aussi l'auteur euclidien avait-il dû imaginer une tout autre relation d'équivalence, qui lui permît de thématiser cette fois la raison de grandeur à grandeur.

On ne s'étonne donc pas que Peano ait surtout fixé son attention sur la définition 5 du livre V des *Eléments*, qui procède à une telle thématisation :

> Des grandeurs sont dites être en même raison, la première à la deuxième que la troisième à la quatrième, lorsque des équimultiples quelconques de la première et de la troisième sont tels relativement à des équimultiples quelconques de la deuxième et de la quatrième que respectivement ils les surpassent à la fois ou leur sont égaux à la fois ou leur sont inférieurs à la fois.

Nous avons montré ailleurs[2] que la relation par laquelle l'auteur euclidien exprime ainsi l'égalité des deux raisons entre grandeurs $\frac{a}{b}$ et $\frac{c}{d}$, et qui revient à dire que, quels que soient les nombres entiers x et y,

$$\left(xa > yb \quad \& \quad xc > yd\right) \text{ ou } \left(xa = yb \quad \& \quad xc = yd\right)$$
$$\text{ou } \left(xa < yb \quad \& \quad xc < yd\right),$$

n'était pas, par elle-même, une relation d'équivalence ; mais que, si l'on postulait que l'ensemble des grandeurs était lui-même totalement ordonné, cette expression impliquait alors l'équivalence suivante :

1. *Notations de logique mathématique*, p. 47.
2. *L'Héritage épistémologique d'Eudoxe de Cnide*, Paris, Vrin, 1988, p. 70 et s.

xa est plus grand que, égal à ou plus petit que yb, si et seulement si xc est lui-même respectivement plus grand que, égal à ou plus petit que yd.

C'est donc cette relation d'équivalence, restée seulement implicite dans la définition 5 du livre V, qui y fonde la raison de grandeur à grandeur, sur laquelle vont pouvoir tabler, non seulement tous les autres livres proprement géométriques (VI, XI, XII et XIII) des *Eléments*, mais toutes les démonstrations des géomètres grecs qui suivront, comme Archimède et Apollonius.

Une telle thématisation d'entités mathématiques nouvelles, sur la base d'une équivalence préalablement reconnue entre entités de niveau immédiatement inférieur, se retrouve à peu près systématiquement dans la manière dont les mathématiciens du XIXe siècle, puisqu'il nous faut encore y revenir, ont proposé de construire, dans un ordre de succession logique, les entiers, les relatifs, les rationnels, les réels et les complexes.

Commençons par la thématisation dont résultent les *entiers naturels*, et qui semble bien déjà implicitement présente à l'intérieur de nos langues vernaculaires, avant toute élaboration proprement mathématique ; même s'il est vrai qu'il faudra attendre les auteurs allemands de la fin du XIXe siècle, pour identifier la correspondance biunivoque, l'équipotence, sur laquelle s'appuiera ici l'érection du concept.

A partir des *entiers naturels* ainsi obtenus, la thématisation qui permettra d'obtenir à leur tour les *entiers relatifs* reposera sur une nouvelle forme d'équivalence entre couples ordonnés d'entiers naturels. C'est encore une autre forme d'équivalence cette fois entre couples ordonnés d'entiers relatifs qui permettra la thématisation des *rationnels*. Ne nous attardons pas sur la manière dont une propriété comme celle dite *de la coupure* permet ensuite de thématiser les *réels* à partir de l'ensemble des *rationnels*, en sorte que toutes les opérations sur les premiers puissent elles-mêmes se construire à partir des opérations admises sur les seconds, ou, si l'on préfère inverser la perspective, se réduire en fin de compte à celles-ci. Evoquons enfin la thématisation des nombres *complexes* suggérée par Hamilton, chaque complexe étant conçu comme un couple de réels répondant à son tour à un certain nombre de conditions.

Entiers naturels, entiers relatifs, rationnels, réels, complexes, pouvant s'édifier les uns à partir des autres, ne se situent évidemment pas, faut-il dire *au même étage de la construction* ou *au même niveau d'existence* ? en sorte qu'il ne saurait y avoir, entre l'un de ces ensembles et ceux qui le suivent, la moindre inclusion. L'apparence de l'inclusion, d'un ordre à l'autre, tient seulement à ce qu'il est toujours possible (et le mathématicien y veille), à l'intérieur de l'ensemble des complexes, de distinguer un sous-ensemble *correspondant à* l'ensemble des réels ; à l'intérieur de ce dernier, un sous-ensemble *correspondant à* celui des rationnels ; à l'intérieur des rationnels, un sous-ensemble *correspondant aux* relatifs, et, à l'intérieur de l'ensemble de ceux-ci, un sous-ensemble *correspondant à* l'ensemble des entiers naturels ; en sorte qu'on puisse, entre de tels sous-ensembles et ensembles, parler cette fois légitimement d'inclusion, alors qu'aucune inclusion directe n'était possible de l'ensemble des entités sur lesquelles s'appuyait l'édification dans celui des entités ainsi édifiées.

Pour souligner l'étendue du phénomène de thématisation dans le développement des mathématiques du XIXe siècle, citons seulement la fin du § 39 des *Notations de logique mathématique*, si remarquable à cet égard :

> La relation entre deux couples de points A,B et A',B' « le couple A,B peut coïncider avec le couple A',B' par un mouvement de translation » a les propriétés de l'égalité. On la transforme en
>
> vecteur de A à B = vecteur de A' à B',
>
> et ainsi on introduit le *vecteur*, qui est un objet nouveau…
>
> De même on peut faire une égalité de la forme
>
> Quaternion = « expression composée avec les mots des théories précédentes »,
>
> lorsqu'on considère les quaternions géométriquement. Un quaternion est déterminé par un couple de vecteurs u et v et on l'indique par $\frac{u}{v}$. On dit que deux quaternions sont égaux, lorsque les triangles formés avec les couples de vecteurs sont dans un même plan, semblables et de même sens.
>
> Par le même procédé d'abstraction [1] on obtient les nombres cardinaux et ordinaux infinis de M. Cantor, les points au delà de l'infini de la géométrie hyperbolique, les formes géométriques de Grassmann, et bien d'autres idées de la plus haute importance dans les mathématiques.

Parmi les exemples évoqués dans ce texte de Peano, ne reprenons que celui des cardinaux infinis. Faut-il rappeler que Dedekind avait réussi à thématiser l'*infini en général* par la possibilité de mettre un ensemble infini en correspondance biunivoque avec l'une de ses parties propres ? Une telle propriété avait été souvent rencontrée sur quelques

1. *Cf.* nos précédentes notes 2, p. 167 et 2, p. 168.

exemples par certains auteurs, du XIVe au XVIIe siècle au moins[1] ; mais ceux-ci n'avaient cru, comme Descartes lui-même, devoir reconnaître dans ce *paradoxe* que le signe de notre incapacité radicale à penser l'infini. Dedekind retournait cette situation. La considération de telles relations d'équivalence, comme était la correspondance biunivoque entre les éléments des deux ensembles, allait aussi permettre à Cantor d'établir entre les infinis des distinctions essentielles. Qu'on se souvienne simplement de sa démonstration, par la diagonale, de l'impossibilité de mettre en correspondance biunivoque les deux ensembles, l'un et l'autre infinis, des rationnels et des réels.

Si, dans notre propos sur le phénomène de thématisation, nous nous attardons au cas de l'infini, c'est qu'il illustre la priorité psychologique que peut avoir la perception de la relation d'équivalence sur la thématisation du concept qui y trouve son fondement. Logiquement la thématisation est possible si et seulement si une telle relation d'équivalence la permet ; il n'y a aucune priorité logique de l'une sur l'autre. Mais il n'est pas invraisemblable que la thématisation (c'en est une) des différentes couleurs chez l'enfant présuppose chronologiquement la perception de l'équivalence entre choses de même couleur. A plus forte raison comprend-on que les mathématiciens de la fin du XIXe siècle aient pu se laisser conduire aux objets de leurs thématisations par des relations d'équivalence ; celles-ci étaient plus faciles à reconnaître en tant que telles, puisque, comme déjà les similitudes de couleur sous le regard de l'enfant, elles étaient d'un niveau d'existence plus élémentaire que les objets eux-mêmes dont elles fondaient la thématisation.

* * *

L'hétérogénéité radicale du type de tout objet résultant d'une thématisation avec celui des termes à partir desquels celle-ci s'opère n'a en elle-même rien qui permette de la considérer comme un phénomène exclusivement propre aux mathématiques (qu'on pense à notre exemple précédent de la couleur), même si la rigueur de cette discipline a permis (d'ailleurs parfois assez tardivement) d'en faire, à l'intérieur de celle-ci, un usage parfaitement contrôlé et souvent savamment étagé ; donc sans commune mesure avec celui qu'on pouvait en faire au niveau des disciplines enfermées pour leur expression dans les limites du discours ordinaire.

1. *Cf.* notre livre *Pascal entre Eudoxe et Cantor*, Paris, Vrin, 1984, p. 43-55.

La reconnaissance d'une telle hétérogénéité entre l'élément d'une part (de quelque type qu'il soit) et l'ensemble auquel il appartient, ou le prédicat qui s'y applique, se trouvait déjà, plus qu'implicite, dans le *Parménide*[1] de Platon. Pas question de contester que l'érection du nouveau concept s'opère sur la base d'une *relation de similitude* (cette relation n'étant jamais que le cas le plus fréquent, le plus banal, et de ce fait paradigmatique, de ce que nous appelons, plus généralement, *relation d'équivalence*) entre les objets initialement considérés. En revanche, comme écrit Platon,

> il n'est pas possible que quelque chose soit semblable à la forme, ni que la forme soit semblable à autre chose ; sinon, au delà de la forme toujours se lèvera une autre forme, et, si cette dernière ressemble à quoi que ce soit, une autre encore ; et jamais ne cessera cet engendrement continu de nouvelles formes, si la forme est semblable à ce qui participe d'elle.

Et pourtant, comme le fait observer Socrate au cours de la même discussion,

> n'est-il pas absolument nécessaire que le semblable, dans sa relation à son semblable, participe de quelque chose d'un et d'identique ?

Telle était l'*ecthesis* ("Εκθεσις), par laquelle les platoniciens se croyaient en droit d'ériger les attributs des choses préalablement rencontrées en substances séparées. Car enfin l'affirmation, parfois dite *naïve*, de l'existence autonome de ces substances ne peut-elle être considérée comme une reconnaissance anticipée de la radicale hétérogénéité du type, du niveau d'existence de ces entités relativement à celui des éléments dont l'équivalence les suggère ?

Revenons un instant sur l'argument platonicien dit quelquefois du *troisième homme*, par allusion peut-être au *troisième larron* de la fable venu dépouiller les deux premiers de leur larcin. Prenons garde qu'il ne s'y agit pas de dénoncer quelque renvoi à l'infini, qu'on rejetterait pour lui-même (la possibilité d'un tel renvoi est au contraire essentielle), mais seulement de souligner que la relation de similitude ou d'équivalence à un certain niveau doit renvoyer à autre chose qu'à elle-même, sise à un autre niveau que le sien propre. La thématisation, par laquelle nous avions vu qu'on passait d'un ordre d'existence à un autre, n'oblige nullement à s'arrêter à quelque ordre que ce soit. Aussi avons-nous pu évoquer les thématisations suivant lesquelles pouvaient se

1. 132 d 1-133 a 3.

constituer successivement les nombres entiers naturels, puis, les uns à partir des autres, les relatifs, les rationnels, les réels et les complexes, sans qu'il y eût jamais fuite ou refuge d'un ordre à l'autre, la relation d'équivalence imaginée pour chaque passage ayant au contraire chaque fois son originalité singulière. D'ailleurs un tel enchaînement des thématisations dans le domaine numérique n'a pu s'arrêter à un stade donné que par l'impossibilité, provisoire ou définitive, où l'on pouvait se trouver d'imaginer, au delà, quelque relation d'équivalence ou, ce qui revient au même, quelque propriété, du dernier objet rencontré, qui pût à son tour s'y prêter. Rien ne prescrit en droit qu'il faille s'arrêter quelque part ; encore faut-il, pour pouvoir continuer, découvrir quelque propriété sur laquelle on puisse asseoir une nouvelle thématisation.

On ne s'étonnera pas que le surgissement des entités nouvellement thématisées ait inspiré deux interprétations philosophiques fondées sur un recours respectif à des métaphores difficilement conciliables. Ce surgissement est-il le signe que ces entités sont, selon la formule de Dedekind, « de libres créations de l'esprit humain »[1] ou marque-t-il au contraire que celui-ci ne peut, selon la formule de Frege, « que découvrir ce qui est là et le dénommer »[2] ? Le mathématicien en est-il l'artiste créateur ou, au contraire, le strict explorateur géographe ? Les conditions de la thématisation font que, si l'on se tenait fidèlement à ces métaphores, dont le fondamental défaut tient à ce qu'elles sont empruntées au niveau des *substances premières*, on serait amené à dire qu'il est à la fois l'un et l'autre. Car enfin, *création* et *découverte* concernent, dans leur sens originaire, des objets qu'un Diogène lui-même aurait reconnu pouvoir rencontrer dans l'expérience naturelle la plus immédiate. Que l'existence des entités thématisées ne se situe pas au niveau de ce sur quoi elles s'appuient incite à parler de *création*, tandis que la résistance que leur objectivité érigée oppose à notre arbitraire incite à parler de *découverte*. L'une et l'autre métaphore méconnaît la différence de statut des possibles existences, différence que fait immédiatement éclater la pratique logique de la quantification.

* * *

Le phénomène que nous avons essayé d'éclairer permet de comprendre pourquoi il y a deux sortes d'analyse, essentiellement, radi-

1. *Was sind und was sollen die Zahlen ?*, Braunschweig, Friedrich Vieweg, 1888, p. VII et VIII.
2. *Die Grundlagen der Arithmetik*, § 96.

calement différentes l'une de l'autre, mais dont il est, curieusement, tout aussi essentiel qu'on puisse les confondre l'une avec l'autre.

La première, que nous avons désignée, non sans quelque arbitraire, comme *l'analyse des Anciens*, consistait, nous l'avions vu, en un simple renversement du raisonnement synthétique : ce dernier procédait, comme naturellement, à partir des données du problème, à la recherche de sa solution, ou, à partir de ce qui avait été antérieurement postulé ou démontré, vers l'établissement de quelque propriété nouvelle jusqu'ici censée ignorée ; le raisonnement analytique au contraire remontait de la solution, ou du théorème supposé établi, jusqu'à des conditions qui en fussent au moins suffisantes. Une telle démarche n'impliquait elle-même aucun changement de type ; le discours se poursuivait d'un bout à l'autre au niveau dont on était parti.

La nature essentielle d'une telle analyse, loin de devoir la confiner dans le champ mathématique, en particulier géométrique, qui avait été celui des Anciens, était de pouvoir s'exercer à quelque niveau que ce fût, sans impliquer en elle-même le moindre changement d'un niveau à un autre. Nous avions en effet expliqué que l'innovation, par laquelle le XVIIe siècle avait introduit sa double notation directe des quantités connues ou inconnues, avait encore facilité l'application de cette *analyse des Anciens*, sans pour autant en avoir modifié fondamentalement la nature, sans empiéter en quoi que ce fût sur ce qui allait être immédiatement le propre de la nouvelle forme d'analyse, celle qui se caractériserait par le passage à la considération d'un nouvel objet.

Une telle extension du champ de l'*analyse des Anciens*, qui ne modifiait encore en rien son intime nature, était clairement caractéristique du niveau auquel se situait le *Discours de la méthode*, et le premier livre de *La Géométrie*, en particulier l'exemple qui illustrait celui-ci, à savoir la solution point par point, à la règle et au compas, du *problème de Pappus* à quatre lignes. Ceci, nous l'avions vu, non seulement lorsque nous traitions de ce dernier problème au début de notre chapitre V[1], mais déjà lorsque nous allions, à la fin de notre chapitre II[2], rechercher des exemples d'une telle *analyse des Anciens* chez des auteurs qu'on ne qualifie ordinairement pas d'*anciens*. Disons que l'écriture de Viète et de Descartes améliorait encore considérablement cette *analyse des Anciens* sans altérer sa nature essentielle, la poussait à une certaine perfection, même si par ailleurs cette écriture était aussi l'instrument majeur de la thématisation de la fonction, qui constituait à elle seule un tout autre résultat.

1. p. 107 et s.
2. p. 52 et s.

Cette thématisation de la fonction permettait en effet d'aborder l'étude de nouveaux objets mathématiques, qui, pour le géomètre grec, faute notamment d'une écriture adéquate, n'avaient pu être que très indirectement accessibles, dans un cas d'ailleurs exceptionnel, celui du *logos-raison*. Ici le retournement qu'évoque l'étymologie même du terme d'*analyse*, cette remontée ou anabase par laquelle on s'élève des zones côtières jusqu'au cœur des continents et, par le fait même, des estuaires et embouchures jusqu'aux massifs d'où jaillissent les sources, ne figurait plus la simple inversion de la démarche synthétique censée primitive et comme naturelle, mais l'accession à des entités mathématiques radicalement neuves, dont se laissaient ensuite déduire, comme conséquences, les propriétés des objets sur lesquels s'était appuyée leur thématisation.

Qu'on observe, une fois de plus, ce qu'est la spécificité de la géométrie dite *analytique* : c'est de l'équation qu'on déduit les singularités de l'objet géométrique, dont l'étude des propriétés était historiquement pourtant à l'origine de l'érection d'une telle équation. Il y a remontée du cours normal, par lequel on s'acheminait de la considération de cet objet géométrique jusqu'à ses propriétés, comme le faisait encore Apollonius, parce que désormais c'est de la considération directe de ces propriétés elles-mêmes qu'on pourra tirer toutes les particularités des divers objets géométriques, qui n'en représentent plus que les applications au niveau immédiatement inférieur.

Ainsi procède encore celui qui déduit les propriétés directes de l'objet qu'on peut représenter par le système d'axiomes correspondant à ce qu'on appelle respectivement un *groupe*, un *anneau* ou un *corps*. Ici on considérera assez classiquement qu'on est dans l'analyse, dans la mesure où l'on peut y remonter de cet objet jusqu'aux diverses situations mathématiques, souvent dépourvues entre elles de toute parenté ou ressemblance immédiatement perceptible, entre lesquelles les mêmes structures néanmoins peuvent se retrouver.

Pour une semblable démarche, le terme d'*analyse* n'est en rien étymologiquement déplacé, bien qu'une telle remontée n'ait guère de traits communs avec le retournement du raisonnement synthétique que les Grecs désignaient du même nom, et que nos usages modernes continuent souvent à désigner du même nom ; alors que, s'exerçant cette fois sans abandonner le niveau du raisonnement initial, il avait peu à voir avec la seconde acception que le terme recevra.

Autre caractéristique importante : nous avions souligné au passage, toujours sur l'exemple de la géométrie analytique, que ces formes modernes d'analyse ne procédaient pas *essentiellement* par voie d'équivalence, encore moins par cette remontée d'une chaîne de conditions simplement suffisantes dont nous avions trouvé quelques exemples, sinon chez les Anciens eux-mêmes, du moins dans certaines démonstrations relevant de cette tradition héritée des Anciens. Certes il n'y a aucune raison de renoncer entièrement aux cheminements plus ou moins équivalentiels, d'autant que ceux-ci présentent, par eux-mêmes, de considérables avantages de maniabilité logique. Mais il est aussi, dans cette nouvelle forme d'analyse, essentiellement possible de s'en passer.

*
* *

Que les deux formes d'analyse, que nous avons été ainsi amené à distinguer, soient radicalement différentes l'une de l'autre a pu se trouver estompé, moins par le fait, au demeurant superficiel, de leur commune étymologie, que par la possibilité de les trouver, dans certains textes mathématiques, combinées l'une avec l'autre. En fait, qu'une telle combinaison puisse s'opérer sans qu'il y ait confusion de l'une avec l'autre serait plutôt un témoignage supplémentaire de leur essentielle distinction.

Il va de soi que ces éventuels cas historiques de combinaison, de ce que nous avons appelé *analyse des Anciens* avec ce que nous avons appelé *analyse des Modernes*, ne peuvent se trouver que chez ces Modernes eux-mêmes, où nous avions eu l'occasion de voir à plusieurs reprises que le premier type d'analyse ne s'était pas perdu.

Inutile à cet égard d'aller chercher très loin un nouvel exemple, parmi les innombrables entre lesquels nous aurions le choix. Revenons à la manière[1] dont Sluse réduisait l'équation du quatrième degré à une inconnue

$$x^4 - 2bx^3 + bnx^2 + b^2px - b^2d^2 = 0$$

à un système de deux équations du second degré à deux inconnues, représentant par le fait même deux coniques, dont l'intersection donne la solution de l'équation initiale. Nous sommes bien ici directement dans l'analyse, tel que l'entendent désormais les Modernes. Il n'en reste pas moins que Sluse, dans l'étude d'une telle équation, procédait par une suite de transformations équivalentielles, suivant quatre étapes que nous voudrions donner ici de manière totalement explicite, en y ajoutant les quantifications nécessaires, pour établir incontestablement que cette chaîne pouvait aussi bien se parcourir dans un sens que dans l'autre :

1. *Cf.* ci-dessus, p. 158-159.

① $\frac{b^2}{x^2} = \frac{x^2 - 2bx + bn}{d^2 - px}$

② $\frac{b^2}{x^2} = \frac{x^2 - 2bx + bn}{d^2 - px}$ & il existe un y tel que $x^2 = qy + bx$

③ il existe un y tel que $\frac{b^2}{qy + bx} = \frac{qy - bx + bn}{d^2 - px}$ & $x^2 = qy + bx$

④ il existe un y tel que $q^2y^2 + bnqy - b^2x^2 + b^2nx = b^2d^2 - b^2px$
& $x^2 = qy + bx$

Ce qui est ici original dans la démarche de Sluse relativement à la méthode analytique des Anciens, c'est que, grâce à la double notation inaugurée par Viète, il opère sur les équations, sans avoir besoin de recourir le moins du monde aux objets mêmes de la géométrie, dont les Anciens ne pouvaient évidemment pas se détacher. En ce sens l'analyse est nouvelle. Mais dans la réalisation de cette nouvelle forme d'analyse, il réutilise la méthode analytique des Anciens. On ne peut même pas dire qu'il invente, dans le passage de l'étape ① à l'étape ②, le recours à une inconnue auxiliaire, qui va devenir chez les algébristes modernes une procédure relativement fréquente. L'équivalent (évidemment non algébrique) d'un tel recours était déjà le fait de l'auteur du Ve siècle av. J.-C. qui avait compris la réductibilité du problème de la duplication du cube à celui de la construction de deux moyennes proportionnelles. Renvoyons au début de notre chapitre III [1], où nous avions noté par y la seconde des deux moyennes proportionnelles entre a et $2a$, dont la fonction était déjà purement auxiliaire.

S'il fallait encore prouver qu'un tel recours à des équivalents d'inconnues auxiliaires fût déjà monnaie relativement courante chez les Grecs, nous pourrions aussi renvoyer à certains textes d'Archimède. La proposition 4 du livre II de *De la sphère et du cylindre* suppose, comme le faisait déjà observer Eutocius d'Ascalon dans son commentaire, qu'on ait résolu le problème suivant :

> Etant données une droite AB, une autre AC et une aire D, proposons-nous de prendre sur AB un point E, tel que l'aire D soit au carré de EB comme AE est à AC ;

ce qui, si l'on désigne AB par a, AC par b et l'aire D par c^2, revient à déterminer un segment x tel que :

$$\frac{c^2}{x^2} = \frac{a - x}{b}$$

1. p. 58-59.

ou, si l'on préfère :

$$x^3 - ax^2 + bc^2 = 0.$$

La solution, qu'Eutocius attribue à Archimède lui-même, bien qu'elle ne soit pas donnée dans le texte de la proposition 4 qui nous est parvenu, revient à établir l'équivalence de cette équation du troisième degré à une inconnue avec la conjonction de deux équations à deux inconnues :

$$\exists y \quad \left[x^2 = \frac{c^2}{a} y \quad \& \quad (a - x)y = ab \right],$$

où le surgissement de l'inconnue *y* évoque l'intersection d'une parabole et d'une hyperbole.

L'originalité de l'auteur moderne ne tient donc pas au recours à une telle procédure. Sluse reste ici le disciple des Anciens, dont on sait que les textes lui sont d'ailleurs familiers. Il pratique toujours leur analyse, presque dans les mêmes conditions, à cette seule modification près qu'il met cette méthode analytique au service d'une tout autre analyse, laquelle tient au changement de l'objet sur lequel il opère ; cet objet que la nouvelle écriture permet de désigner en tant que tel, indépendamment de cela même dont il pouvait être la propriété. Mais il ne peut y avoir ainsi analyse dans l'analyse que parce que l'une et l'autre restent distinctes, au moment précis où l'auteur les combine intimement.

Reconnaissons, au point où nous en sommes, que nous avons déjà, en chemin, rencontré une telle situation, bien que des raisons proprement pédagogiques nous aient alors amené à faire comme si nous ne la remarquions pas. Rappelons encore une fois la fin de notre chapitre II [1], où nous évoquions la manière dont Lagrange procédait à ce que nous avions appelé une *analyse simplement suffisante* pour résoudre le problème de l'*interpolation* ; il s'y agissait de trouver un polynôme qui, pour des valeurs données de la variable indépendante, prît lui-même respectivement autant de valeurs données. Analyse, en un certain sens qu'on pouvait trouver dans la tradition des Anciens, mais elle-même mise au service d'une tout autre analyse. La conjonction des deux, qui sera fréquente chez les Modernes, exige qu'on y sache distinguer soigneusement l'une de l'autre. Qu'elles puissent se combiner ne signifie pas qu'elles aient quelque similitude, sinon celle d'évoquer chacune à leur manière un mouvement de remontée ; on en revient toujours à leur commune étymologie. Elles ne parviennent au contraire à se combiner sans se confondre que parce qu'elles relèvent l'une et l'autre de procédures essentiellement différentes.

1. p. 52 et s.

INDEX

TABLE DES MATIÈRES

AVANT-PROPOS

CHAPITRE PREMIER
LE SENS INITIAL DE LA DÉMARCHE ANALYTIQUE

CHAPITRE II

LES DIFFÉRENTES FORMES DE LA DÉMARCHE ANALYTIQUE

CHAPITRE III
LES RAISONS DU RECOURS À LA DÉMARCHE ANALYTIQUE

CHAPITRE IV
ANALYSE ET THÉORIE EUCLIDIENNE DES *DONNÉES*

CHAPITRE V
LES DEUX FORMES D'ANALYSE IMPLIQUÉES DANS LA DÉMARCHE CARTÉSIENNE

CHAPITRE VI
L'HÉRITAGE D'APOLLONIUS ET LES NOUVEAUX OBJETS DE L'ANALYSE

CONCLUSION

ACHEVÉ D'IMPRIMER
EN JUIN 2001
PAR L'IMPRIMERIE
DE LA MANUTENTION
A MAYENNE
N° 206-01

Dépôt légal : 2e trimestre 2001